第10回 神社検定 問題と解説

初級

「神話を知ろう！」編　全50問

令和4年6月26日に行われた
「第10回 神社検定」の初級試験は、
「神社検定」副読本『マンガ版　神社のいろは』から
全問が出題されました。

　問題のほとんどは、関連する出題テキストの
マンガが掲載され、
それを見ながら回答するという形式のものでした。
　ここでは、そのうち3問のみを掲載します。

※「第10回 神社検定」は、新型コロナ感染症の予防の観点から、
　全級ともオンラインでのみ実施されました。

問1

神社の基本的な配置に関する問題です。神社にはさまざまな建物があります。神様がお鎮まりになっているところがご本殿ですが、一般的に、そのご本殿の前にあり、お参りをするところとは何でしょうか。

1．拝殿（はいでん）
2．神楽（かぐら）殿
3．幣（へい）殿

➡ 『マンガ版　神社のいろは』12 ページ

正解　1

問2
境内でご本殿以外に小さなお社(やしろ)を見かけることがあります。その神社のご祭神や神社にゆかりのある神様をお祀りしていますが、その小さなお社を何というでしょうか。

1. 舞殿(まいでん)・踏殿(とうでん)
2. 斎館(さいかん)・倉館(そうかん)
3. 摂社(せっしゃ)・末社(まっしゃ)

➡ 『マンガ版 神社のいろは』18ページ

正解 3

問3

神社によっては、本殿がないところもあります。
本殿を有しない神社の原初的形態を残している
神社を以下から選んでください。

1. 伊弉諾神宮（いざなぎじんぐう）
2. 大神（おおみわ）神社
3. 出雲大社（いづもおおやしろ）

➡ 『マンガ版　神社のいろは』13ページ

正解　2

第10回 神社検定 問題と解説

参級

「神社の基礎と日本書紀」編　全100問

令和4年6月26日に行われた

「第10回 神社検定」の3級試験は、

公式テキスト①『神社のいろは』から70問、

公式テキスト⑨『神話のおへそ『古語拾遺』編』

から30問

が出題されました。

（問題の中には出典が重複するものもあります）

※解説に示しているのは、公式テキストに掲載されている
　関連項目のページ数です。

問1
神社の一般的な構成に関する問題です。神域への「門」にあたり、神域と俗界を分ける結界にもあたるものとは何でしょうか。最もふさわしいものを選んでください。

1．鳥居　　　　2．玉垣（たまがき）
3．拝殿（はいでん）　4．手水舎（てみずしゃ）

➡『神社のいろは』14ページ「鳥居について教えてください」

正解　1

問2
古代の人々は、神様は一つのところにいつもいらっしゃるわけではなく、お祭りなどのときにお呼びして来ていただくものと思っていました。そのとき、神様は美しい木々や山、岩などに宿られると考えられていたのです。その依代（よりしろ）が岩の場合は、何と呼ばれるでしょうか。

1．磐座（いわくら）
2．神籬（ひもろぎ）

3．神奈備(かんなび)

4．神体山(しんたいざん)

➡『神社のいろは』16ページ「ご本殿、拝殿について教えてください」

正解　1

問3

以下の文章の空欄【　】に入る言葉として最もふさわしいものを選んでください。

　ご本殿の中にはご神体と呼ばれるものがあります。これは、ご祭神そのものではなく神様の依代です。ですから、ご神体は【　】とも呼ばれます。

1．御霊代(みたましろ)

2．御樋代(みひしろ)

3．御船代(みふなしろ)

4．御刀代(みとしろ)

➡『神社のいろは』16ページ「ご本殿、拝殿について教えてください」

正解　1

問4

伊勢の神宮などのお社（やしろ）でよく見かける
もので、もともと萱葺き（かやぶき）や檜皮葺き
（ひわだぶき）などの葺き屋根を押さえるために
置かれていたものとは何でしょうか。

1．千木（ちぎ）　　　2．鬼板（おにいた）
3．うだつ　　　　　4．鰹木（かつおぎ）

❖　解　説　❖

　鬼板は、檜皮葺きなどで鬼瓦の代わりに取り付け
る板のことをいいます。うだつは、屋根に取り付け
られる小さい柱や防火壁、装飾のことをいいます。
➡『神社のいろは』18ページ「玉垣と千木、鰹木
について教えてください」

正解　4

以下の文章を読んで問5と問6の設問に答えてくだ
さい。

　明治時代以降、戦前までは【ア】【イ】には、原則と
して一定の基準がありました。

　【ア】は、本社のご祭神の姫神（后や妃、娘）や御子
神（みこがみ・子供）、その他、本社にゆかりのある
神、さらにその土地に古くから鎮座していた地主神
を祀るものです。また、ご祭神が現在の地に祀られ
る前にご鎮座していた旧跡にある神社のこともいい

ました。そして、それ以外の神を祀るものを【イ】と
いい、【ア】は【イ】より上位に置かれていました。こ
の他、伊勢の神宮などでは、特に本社ご祭神と関係
の深い社を【ウ】と称しています。

問5
【ア】【イ】に入る言葉の組み合わせとして正しい
ものを選んでください。
1. ア、幣社(へいしゃ)　イ、関社
2. ア、関社　イ、幣社
3. ア、末社　イ、摂社(せっしゃ)
4. ア、摂社　イ、末社

問6
【ウ】に入る言葉として正しいものを選んでくだ
さい。

1. 別宮(べつぐう)　　2. 末宮
3. 摂宮　　　　　　4. 関宮

➡『神社のいろは』21 ページ「境内にある小さな
お社について教えてください」
問5　正解　4　　　問6　正解　1

問7
以下の文章の空欄【 】に入る言葉として正しい
ものを選んでください。

　ご本殿には大きく分けて二つの様式がありま
す。一つは日本の原初的な高床式の穀倉(こく
そう)の形から派生した【 】と、もう一つは古
代の住居の形から発展した大社造(たいしゃづ
くり)です。【 】のご本殿は伊勢の神宮に代表さ
れる形式で、大社造のご本殿は出雲大社に代表
される形式です。

1．寝殿造(しんでんづくり)
2．校倉造(あぜくらづくり)
3．神宮造
4．神明造(しんめいづくり)

➡ 『神社のいろは』28ページ「社殿の種類につい
て教えてください」
正解　4

問8

手水に関する文章として間違っているものを選んでください。

1．禊(みそぎ)を簡略化したものである。
2．大方は手水舎で行う。
3．茶室に入る前に手や口を清める蹲(つくばい)も同じ考えに基づく。
4．一般的な作法は右手を清め、左手を清め、左手に水を受けて口をすすぐ、という順番である。

➡『神社のいろは』34ページ「手水の使い方について教えてください」

正解　4

問9
神輿(みこし)を数える単位は以下のうちどれで
しょうか。

1. 体　　　　　2. 柱
3. 連(れん)　　4. 基(き)

➡『神社のいろは』45ページ「お札やお守り、神
様の数え方について教えてください」

正解　4

問10
以下の文章の空欄【 】に入る言葉として最もふ
さわしいものを選んでください。

　玉串(たまぐし)とは榊の枝に紙垂(しで)や
【 】を付けたもので、お参りのときに神前に捧
げるものです。

1. 鏡　　　　　2. 小銭
3. 木綿(ゆう)　4. 玉

➡『神社のいろは』48ページ「昇殿参拝の作法①
玉串料と服装について教えてください」

正解　3

問11

以下の文章の空欄【 】に入る言葉として正しい
ものを選んでください。

　神様をお祭りする祭事に先立って、神職はじ
め参列者、また、神前に出るものはすべて【 】
を受けます。

1. 修祓（しゅばつ）　　2. 勧請（かんじょう）

3. 打坐（だざ）　　　　4. 布施（ふせ）

❖　解　説　❖

　打坐とは、すわること、座禅することをいい、布
施とは財物などを与えることをいいます。

➡『神社のいろは』52ページ「昇殿参拝の作法③」、
「勧請」については20ページ「ご祭神と氏神さまに
ついて教えてください」

正解　1

問12

昇殿参拝などの後に、神前から下げた神饌（しん
せん）やお神酒（みき）を斎主（さいしゅ）はじ
め祭員、参列者が飲食して神様の力をいただく
ことを何というでしょうか。最もふさわしいも
のを選んでください。

1．直会（なおらい）	2．宴会
3．納会	4．精進（しょうじん）

➡『神社のいろは』54ページ「昇殿参拝の作法④祝詞と玉串拝礼について教えてください」

正解　1

以下の文章を読んで問13と問14の設問に答えてください。

　平安時代になると、本地垂迹説（ほんじすいじゃくせつ）という考え方が出てきます。この日本の神々は仏の仮の姿の現れとする考え方から【ア】という新たな神様の称号（神号）が生まれます。そして、神社のご本殿に神像や仏像を安置し、神社の境内に寺院を建て、神職と並んで僧侶が祭祀や管理を行う例も出てきました。これを一般に【イ】といいます。

問13
【ア】に入る言葉として最もふさわしいものを選んでください。

1．明神（みょうじん）
2．名神（みょうじん）
3．権現（ごんげん）
4．示現（じげん）

問 14
【イ】に入る言葉として最もふさわしいものを選んでください。

1．宮寺（みやでら）
2．社寺（もりでら）
3．神願寺（しんがんじ）
4．旦那寺（だんなでら）

❖　解　説　❖

　問 13 の「名神」とは古代において特に霊験あらたかとされた神社のことをいい、「延喜式神名帳」にも記載があります。明神と名神の区別については明確ではありませんが、中世以降は、名神ではなく明神を使用する例が増加していくようです。

➡『神社のいろは』58 ページ「仏教が神社に及ぼした影響について教えてください」

問 13　正解　3　　問 14　正解　1

以下の文章を読んで問 15 と問 16 の設問に答えてください。

　国学（こくがく）など江戸時代中頃に新たに出てきた思想の影響もあり、明治時代になって【ア】は廃止されます。明治政府は【イ】令を出します。それは、仏教風の神号の廃止と、神社からの仏像や仏塔の除

去などを内容としたものでした。同時に、僧侶が、寺院と神社を兼ねて業務を行うことも禁止されました。これにより、神社の中にあった仏教的要素と、寺院にあった神道的要素をともに除去し、神社と寺院の区別を明確にする神仏分離が行われたのです。

問 15
【ア】に入る言葉として最もふさわしいものを選んでください。

1．神仏合同　　2．神前読経
3．神仏習合　　4．寺社兼業

問 16
【イ】に入る言葉として最もふさわしいものを選んでください。

1．本地垂迹
2．寺社処分
3．神仏判然（はんぜん）
4．廃仏毀釈（はいぶつきしゃく）

➡ 『神社のいろは』58 ページ「仏教が神社に及ぼした影響について教えてください」

問 15　正解　3　　問 16　正解　3

問 17

日本で最も数が多い神社ともいわれ、宇迦之御魂神(うかのみたまのかみ)や、保食神(うけもちのかみ)、御食津神(みけつかみ)などを主なご祭神としている神社とはどれでしょうか。

1．天神社　　2．天王社
3．稲荷神社　4．日枝神社

➡ 『神社のいろは』62ページ「お稲荷さんについて教えてください」、天神社については64ページ「天神さんについて教えてください」、天王社については70ページ「祇園さん、天王さんについて教えてください」、日枝神社については74ページ「日吉さま、山王さまについて教えてください」

正解　3

問 18

以下の文章の空欄【 】に入る言葉として正しいものを選んでください。

　石清水八幡宮は鎮護国家、王城鎮護の神様として朝廷から篤く尊崇され、伊勢の神宮に次ぐ【 】と称されました。

1. 第二の社稷(しゃしょく)	2. 次宮
3. 第二の宗廟(そうびょう)	4. 元伊勢

❖ 解 説 ❖

「社稷」とは、土地の神と穀物の神を意味し、中国古代の王朝で行われた祭祀の一つです。その性格から、国家の代名詞としても用いられます。「元伊勢」とは、天照大御神(あまてらすおおみかみ)が伊勢に鎮座されるまでの宮跡として伝わる地のことをいいます(公式テキスト②『神話のおへそ』288ページ「【特別編】倭姫命巡幸の地を行く」参照)。

➡ 『神社のいろは』60ページ「八幡さんについて教えてください」

正解　3

問19
以下のうち、紀州(きしゅう)の熊野三山とは違う神社はどれでしょうか。

1. 熊野大社	2. 熊野本宮大社
3. 熊野速玉大社	4. 熊野那智大社

➡ 『神社のいろは』66ページ「熊野神社について教えてください」

正解　1

問　20

以下の文章の空欄【　】に入る言葉として正しい
ものを選んでください。

　鎌倉時代以降になると、熊野【　】や熊野比丘
尼（びくに）といった存在が熊野信仰を全国に普
及させていきます。熊野【　】は熊野を参詣する
人たちの宿泊や祈祷の世話をする人たちのこと
です。

1．教師　　　　　　　2．法師
3．社中（しゃちゅう）　4．御師（おし）

➡『神社のいろは』66 ページ「熊野神社について
教えてください」

正解　4

問21

祇園（ぎおん）さん、天王（てんのう）さんと呼ば
れ、牛頭天王（ごずてんのう）をお祀りしていた
時もありました。素戔嗚尊（すさのおのみこと）
を祀る京都に鎮座する神社はどこでしょうか。

1．今宮神社
2．上御霊（かみごりょう）神社
3．大原野神社
4．八坂神社

❖ 解 説 ❖

　今宮神社、上御霊神社も京都府に鎮座している神社ですが、今宮神社は大己貴命(おおなむちのみこと)や事代主命(ことしろぬしのみこと)、奇稲田姫命(くしなだひめのみこと)などをお祀りし、上御霊神社は崇道(すどう)天皇を含む八柱のご祭神をお祀りしています。

➡『神社のいろは』70ページ「祇園さん、天王さんについて教えてください」、78ページ「春日さまについて教えてください」

正解　4

問22
以下の文章の空欄【　】に入る言葉として正しいものを選んでください。

　日吉大社は【　】一山の鎮守神とされていきました。

1．金剛峯寺(こんごうぶじ)
2．輪王寺(りんのうじ)
3．法隆寺(ほうりゅうじ)
4．延暦寺(えんりゃくじ)

➡『神社のいろは』74ページ「日吉さま、山王さまについて教えてください」

正解　4

問23

この二つの神社は、古来、国家鎮護の神様として並び称され、崇敬されてきました。航海を司る神としても信仰され、地域への邪霊の侵入を防ぐ「境の神」という信仰もあったようです。この神社とは以下のどれでしょう。

1．香取神宮・鹿島神宮
2．月山(がっさん)神社・出羽(いでは)神社
3．霧島神宮・高千穂神社
4．宗像大社・厳島神社

❖ 解 説 ❖

　月山(がっさん)と羽黒(はぐろ)山は山形県の出羽三山のうちの二つの山で、もう一つは湯殿(ゆどの)山です。月山の頂上に鎮座する神社が月山神社で羽黒山の頂上に鎮座するのは出羽(いでは)神社といいます。霧島神宮は鹿児島県に、高千穂神社は宮崎県に鎮座していて、ともに天孫降臨神話にちなむ神社です(『神話のおへそ』224ページ「【日向・高千穂】朝日射す瑞穂の国の山と海」参照)。

➡ 『神社のいろは』76ページ「香取さま、鹿島さまについて教えてください」、86ページ「宗像さま、厳島さまについて教えてください」

正解　1

問24

以下の文章を読んで空欄【　】に入る言葉として正しいものを選んでください。

　田心姫神（たごりひめのかみ）と湍津姫神（たぎつひめのかみ）、市杵島姫神（いちきしまひめのかみ）の宗像三女神は天照大神の命を受けて宗像の地へ降臨されます。それが宗像大社です。宗像三女神は【　】と称されます。「貴（むち）」とは神に対する貴い呼び方で、宗像三女神は貴い道の神であるという意味です。

1．道主貴（みちぬしのむち）
2．大海貴（おおうみのむち）
3．大道貴（おおみちのむち）
4．海道貴（うみみちのむち）

➡『神社のいろは』86ページ「宗像さま、厳島さまについて教えてください」

正解　1

問25

以下の文章の空欄【 】に入る言葉として、最も
ふさわしいものを選んでください。

「記紀」によれば、大国主神(おおくにぬしの
かみ)は、天照大御神に国を譲られ、幽世(かく
りよ)という目に見えない世界を治められます。
天照大御神はこのことに感激され、もろもろの
神に命じて大国主神のために壮大な天日隅宮
(あめのひすみのみや)を建てられ、御子である
天穂日命(あめのほひのみこと)に末永くお祀り
するよう申しつけられました。これが【 】の創
祀です。

1．多度(たど)大社　　2．春日大社
3．伏見稲荷大社　　4．出雲大社

❖ 解 説 ❖

「多度大社」は、天津彦根命(あまつひこねのみこ
と)をお祀りし三重県桑名市に鎮座する神社です。

➡『神社のいろは』90ページ「出雲大社について
教えてください」、78ページ「春日さまについて教
えてください」、62ページ「お稲荷さんについて教
えてください」

正解　4

問26
以下の文章を読んで【ア】【イ】に入る言葉の組み合わせとして正しいものを選んでください。

　賀茂社は奈良時代以前より朝廷の崇敬を受け、嵯峨天皇の弘仁元年（810）より約400年にわたって、伊勢の神宮の【ア】にならい、未婚の皇女が【イ】として特別の祭事に奉仕しました。

1．ア、斎宮（さいぐう）　イ、斎院（さいいん）
2．ア、斎姫（さいき）　　イ、斎院
3．ア、忌宮（いみぐう）　イ、忌院（いみいん）
4．ア、忌姫（いみき）　　イ、忌院

➡『神社のいろは』92ページ「賀茂社について教えてください」

正解　1

問27

平安遷都後に、吉野の丹生(にう)川上神社と並んで祈雨(きう)、止雨(しう)の神として朝廷から崇敬を受けた神社とはどこでしょうか。

1. 廣瀬(ひろせ)神社
2. 愛宕(あたご)神社
3. 龍田(たつた)大社
4. 貴船(きふね)神社

❖ 解 説 ❖

廣瀬神社と龍田大社は奈良県に鎮座して、古来、廣瀬の「大忌(おおいみ)祭」、龍田の「風神祭」として国家的に祀られてきました(公式テキスト③『神社のいろは 続』170ページ「廣瀬神社、龍田大社について教えてください」参照)。

➡『神社のいろは』94ページ「貴船神社について教えてください」、80ページ「愛宕さん、秋葉さんについて教えてください」

正解 4

問28

酒造の神として名高い神社ですが、平安時代以降は、賀茂社と並んで王城鎮護の社として篤い崇敬を集めた神社とはどれでしょうか。

1. 平野神社　　2. 吉田神社
3. 松尾大社　　4. 梅宮大社

❖　解　説　❖

　平野神社は、もともと平城京内でお祭りされていましたが、平安京遷都に伴い遷祀された神社です。吉田神社は、平安時代に大和(奈良)の春日神社が勧請されたものです。中世期に吉田兼倶(かねとも)によって再興され明治まで大きな権威を有しました(『神社のいろは　続』178ページ「平野神社について教えてください」、184ページ「吉田神社について教えてください」参照)。

➡ 『神社のいろは』96ページ「松尾大社について教えてください」、70ページ「祇園さん、天王さんについて教えてください」

正解　3

問29

以下の文章の【ア】【イ】に入る言葉の組み合わせとして正しいものを選んでください。

浅間(せんげん)神社の主祭神は【ア】です。記紀によれば、天孫・瓊瓊杵尊(ににぎのみこと)の后となられ、ご懐妊の際に、貞節を疑われたことに対して証しをたてるため、戸のない産屋を作り、そこに火を放ち、その中で無事に御子(みこ)をお産みになりました。ご祭神として瓊瓊杵尊、父神で山の神・大山祇神(おおやまつみのかみ)、姉神の【イ】を併せてお祀りしているところもあります。

1. ア、木花開耶姫命(このはなのさくやひめのみこと)
   イ、玉依媛命(たまよりひめのみこと)
2. ア、木花開耶姫命
   イ、磐長姫命(いわながひめのみこと)
3. ア、玉依媛命
   イ、木花開耶姫命
4. ア、磐長姫命
   イ、木花開耶姫命

➡ 『神社のいろは』98ページ「浅間さまについて教えてください」

正解　2

以下は全国の神社で共通して行われる恒例祭祀について書かれた表です。問30から問35までの設問に答えてください。

歳旦祭	元旦に行われる祭典
元始祭	1月3日に行われる祭典
【ア】	2月11日の建国記念の日に行われるお祭り
【イ】	2月17日に行われる祭典。古くは「としごいのまつり」と読んだ
天長祭	2月23日、天皇陛下のお誕生日を祝して行われるお祭り
昭和祭	4月29日の昭和の日に行われるお祭り
【ウ】	10月17日に行われる祭典
明治祭	11月3日の明治天皇のお誕生日に際して行われるお祭り
【エ】	11月23日に行われる祭典
【オ】	神社にとって最も重要な恒例祭祀

問30
【ア】に入る言葉として正しいものを選んでください。

1．祈年祭（きねんさい）
2．新嘗祭（にいなめさい）

28

3．神嘗(かんなめ)奉祝祭
4．紀元祭(きげんさい)

問31

【イ】に入る言葉として正しいものを選んでくだ
さい。

1．祈年祭(きねんさい)
2．新嘗祭(にいなめさい)
3．神嘗(かんなめ)奉祝祭
4．紀元祭(きげんさい)

問32

【ウ】に入る言葉として正しいものを選んでくだ
さい。

1．祈年祭(きねんさい)
2．新嘗祭(にいなめさい)
3．神嘗(かんなめ)奉祝祭
4．紀元祭(きげんさい)

問33

【エ】に入る言葉として正しいものを選んでください。

1. 祈年祭（きねんさい）
2. 新嘗祭（にいなめさい）
3. 神嘗（かんなめ）奉祝祭
4. 紀元祭（きげんさい）

問34

【オ】に入る言葉として正しいものを選んでください。

1. 例祭（れいさい）
2. 月次祭（つきなみさい）
3. 除夜祭（じょやさい）
4. 日供祭（にっくさい）

問35

以下の祭祀のうち大祭でないものとはどれでしょうか。

1. 例祭	2. 新嘗祭
3. 祈年祭	4. 月次祭

➡ 『神社のいろは』102 ページ「神社のお祭りについて教えてください」、104 ページ「恒例の大祭について教えてください」、106 ページ「中祭について教えてください」、107 ページ「小祭について教えてください」

問30 正解 4　　問31 正解 1

問32 正解 3　　問33 正解 2

問34 正解 1　　問35 正解 4

問36

社殿の造り替えなどに際して、ご祭神をお遷しするときに行われる祭典のことを何というでしょうか。最もふさわしいものを選んでください。

1. 式年祭(しきねんさい)
2. 遷座祭(せんざさい)
3. 合祀祭(ごうしさい)
4. 分祀祭(ぶんしさい)

➡ 『神社のいろは』105 ページ「臨時の大祭について教えてください」

正解 2

問37

以下の記述のうち厄年の説明として適切ではないものを選んでください。

1. 肉体的な変調をきたしやすい年齢とされている。
2. 家庭的にも対社会的にも転機を迎えやすい年齢とされている。
3. 慎むべき年で、神事に携わってはならないとされている。
4. 数え年の男性の42歳と、女性の33歳は本厄とされている。

➡ 『神社のいろは』120ページ「厄払いについて教えてください」

正解　3

問38

神前結婚式は、あることがきっかけで明治以降に広く普及するようになりました。そのきっかけとは何でしょうか。

1. 有名芸能人が神社で行った
2. 皇室のご婚儀

3．有名作家が神社で行った

4．大ヒット小説の中で描かれた

➡『神社のいろは』121 ページ「神前結婚式について教えてください」

正解　2

問39

神職の職階で正しくないものを選んでください。

1．宮司(ぐうじ)　　　2．導師(どうし)

3．権禰宜(ごんねぎ)　　4．禰宜

➡『神社のいろは』123 ページ「神職について教えてください」

正解　2

問40

以下の記述のうち、巫女の説明として正しくないものを選んでください。

1．正式な巫女になるには神職資格が必要である。

2．巫女と神職が行うことには違いがある。

3．古代においては、神様のお告げを聞き神意を伝える重要な存在だった。
4．多くの神社で、白衣に緋色（ひいろ）の袴を着けて奉仕している。

➡ 『神社のいろは』124 ページ「巫女さんについて教えてください」
正解　1

問41
神棚へ納めるお神札（ふだ）の問題です。三社造の場合は中央に納め、一社造の場合は一番手前に納める神宮のお神札とは何でしょうか。

1．神宮大幣（おおぬさ）
2．神宮大麻（たいま）
3．神宮大札（おおふだ）
4．神宮託宣（たくせん）

➡ 『神社のいろは』130 ページ「神棚の祀り方①お神札の納め方について教えてください」、162 ページ「神宮大麻について教えてください」
正解　2

問42
もともと日本には独自の信仰に基づく葬儀があ

りました。神道式で行う葬儀の名称で、日本固
有の葬儀などを土台に整えられた葬儀式のこと
を何というでしょうか。

1. 幽世祭(かくりよさい)
2. 神葬祭(しんそうさい)
3. 奥都城祭(おくつきさい)
4. 黄泉祭(よもつさい)

➡『神社のいろは』140ページ「神葬祭について教
えてください①」

正解　2

問43
家屋やビルなどの建築に際して行われるお祭り
があります。以下のうち、そのお祭りでないも
のを選んでください。

1. 地鎮祭(じちんさい)
2. 上棟祭(じょうとうさい)
3. 竣工祭(しゅんこうさい)
4. 杵築祭(こつきさい)

➡『神社のいろは』147ページ「地鎮祭、上棟祭、
竣工祭について教えてください①」

正解　4

以下の文章を読んで問44から問48までの設問に答えてください。

　神宮とは、天照大御神をお祀りする【ア】と、豊受大御神（とようけおおみかみ）をお祀りする【イ】の両宮をはじめとして、109の摂社、末社、所管社などを合わせた125社の総称です。

　皇室の【ウ】である天照大御神は、万物を育む太陽にたとえられる神で、あらゆる神々の中で最高位にある日本国民の総氏神です。豊受大御神は、天照大御神に【エ】を差し上げる御饌都神（みけつかみ）で、広く産業の神としても信仰されています。【オ】への参拝に先立ち、【カ】にお参りするのが正式とされています。

問44
【ア】に入る言葉として正しいものを選んでください。

1．天照神宮
2．大御神宮
3．皇大（こうたい）神宮
4．本宗（ほんそう）神宮

問45
【イ】に入る言葉として正しいものを選んでください。

1．御饌大神宮　　2．豊御神宮
3．豊受大神宮　　4．度会（わたらい）大神宮

問 46

【ウ】に入る言葉として正しいものを選んでください。

1．産土（うぶすなの）神
2．祖先神
3．護法（ごほう）神
4．勧請（かんじょう）神

問 47

【エ】に入る言葉として最もふさわしいものを選んでください。

1．衣服　　2．調度品
3．食事　　4．家屋

問 48

【オ】と【カ】に入る言葉の組み合わせとして最もふさわしいものを選んでください。

```
1. オ、内宮(ないくう)    カ、外宮(げくう)

2. オ、外宮           カ、内宮

3. オ、上宮(じょうぐう)  カ、下宮(げぐう)

4. オ、下宮           カ、上宮
```

➡ 『神社のいろは』152 ページ「神宮とは何か教え
てください」

問44　正解　3　　問45　正解　3

問46　正解　2　　問47　正解　3

問48　正解　1

以下の文章を読んで問 49 から問 52 までの設問
に答えてください。

　神宮の恒例祭典のうち最も重要なお祭りが【ア】
で、それに次ぐ6月と 12 月の【イ】を合わせて「三
節祭(さんせつさい)」といいます。これに祈年祭と
新嘗祭を加えて【ウ】ともいいます。

　神宮のお祭りは、本来、天皇陛下が自ら神恩に感
謝され国の平安を祈る親祭(しんさい)です。【ウ】で
は、天皇陛下の名代として【エ】がお祭りに奉仕し、
現在は天皇陛下の妹にあたる黒田清子様がその大役
を務めています。また、天皇陛下より神様へのお供
えである幣帛が奉納され、【ウ】のうち【イ】を除くお
祭りには陛下のお使いである勅使が遣わされます。

問49
【ア】に入る言葉として正しいものを選んでください。

1．神宮祭　　　　　2．月次祭
3．由貴祭（ゆきさい）　4．神嘗祭

問50
【イ】に入る言葉として正しいものを選んでください。

1．神宮祭　　2．月次祭
3．由貴祭　　4．神嘗祭

問51
【ウ】に入る言葉として最もふさわしいものを選んでください。

1．五大祭　　2．五節祭
3．神宮祭　　4．大御神祭

問52
【エ】に入る言葉として最もふさわしいものを選んでください。

1．神主　　　2．大宮司
3．少宮司　　4．祭主

➡ 『神社のいろは』154 ページ「神宮のお祭りについて教えてください」

問49　正解　4　　問50　正解　2
問51　正解　1　　問52　正解　4

問53
以下の文章の空欄【　】に入る言葉として正しいものを選んでください。
　神宮には両正宮はじめ摂末社などの多くにもそれぞれ東と西に同じ大きさの御敷地（みしきち、新御敷地・古殿地／こでんち）があり、【　】ごとに同じ形の社殿を交互に新しく造り替えています。

1．10 年　　2．15 年
3．20 年　　4．25 年

➡『神社のいろは』156 ページ「神宮式年遷宮について教えてください」

正解　3

問54

以下の文章の空欄【 】に入る言葉として正しいものを選んでください。

　神宮式年遷宮では約800種・1600点にものぼる【 】も古式のままに調進されます。【 】とは神様の衣服や服飾品をはじめ、神座や殿舎の敷設品(ふせつひん)(被／ふすま、帳／ちょう、幌／とばりなど)、遷御(せんぎょ)などに用いる品々や、紡績具、武器、武具、馬具、楽器、文具、日用品など、神様の御用に供する調度品です。

1．御敷設神宝(おんふせつしんぽう)
2．御装束調度
3．御敷設調度
4．御装束神宝

➡『神社のいろは』158 ページ「御遷宮の御用材と御装束神宝について教えてください」

正解　4

問 55

もともと神宮は私幣禁断でした。しかし、平安時代末期から一般の伊勢参宮が増えてきます。その背景にあるのは伊勢信仰を普及させていったある存在です。その人たちのことを何というでしょうか。

1．講談師　　2．御師(おんし)
3．伝道師　　4．神宮使

➡ 『神社のいろは』160 ページ「お伊勢参りについて教えてください」

正解　2

問 56

以下の文章の空欄【　】に入る言葉として最もふさわしいものを選んでください。

　江戸時代になって世情が安定し、全国的に街道が整えられると、お伊勢参りはますます盛んになります。庶民たちは【　】をつくり、毎月、積み立てをして旅の資金としました。それでも全員が行けるわけではなく、代表をくじで選んで参詣に向かいました。

```
1．参り講    2．伊勢講
3．参り組    4．伊勢組
```

➡ 『神社のいろは』160 ページ「お伊勢参りについて教えてください」

正解　2

以下の文章を読んで問 57 から問 59 までの設問に答えてください。

　天皇陛下は、日々、ご祖先と神々に感謝され広く世の中の平安をお祈りされています。長い伝統を持つこの皇室祭祀が行われているところが、皇居内に鎮座する宮中三殿(きゅうちゅうさんでん)と神嘉殿(しんかでん)、そして、皇居の外にある歴代天皇の山陵(さんりょう)です。

　宮中三殿のうち、【ア】には皇祖・天照大御神がお祀りされています。【イ】には、神武天皇はじめ歴代の天皇、皇后、皇族の御霊がお祀りされています。【ウ】には天地の神、天神地祇八百万神(てんじんちぎやおよろずのかみ)がお祀りされています。

　皇室祭祀には、大きく分けて毎年行われる恒例祭祀と臨時祭祀があります。その祭祀は、大祭と小祭に分けられますが、大祭は天皇陛下が自らお祭りされ、小祭は天皇陛下が拝礼され、【エ】長に祭らせることとされています。【エ】とは皇室祭祀に奉仕する人たちのことです。

【ア】【イ】【ウ】に入る言葉の組み合わせとして正しいものを選んでください。

1. ア、賢所（かしこどころ）
   イ、皇霊殿（こうれいでん）
   ウ、神殿
2. ア、皇霊殿　　イ、神殿　　　ウ、賢所
3. ア、神殿　　　イ、賢所　　　ウ、皇霊殿
4. ア、賢所　　　イ、神殿　　　ウ、皇霊殿

問 58

下線部の恒例祭祀に関連して、以下の文章の空欄【　】に入る言葉として正しいものを選んでください。

　元日の早朝、天皇陛下が伊勢の神宮および四方の神々を遥拝され、世の平安を祈られる年中最初の儀式とは【　】です。

1. 節折（よおり）の儀
2. 鎮魂（ちんこん）の儀
3. 四方拝（しほうはい）
4. 元日拝

問 59

【エ】に入る言葉として正しいものを選んでください。

1. 掌斎(しょうさい)
2. 掌典(しょうてん)
3. 斎職
4. 典職

➡ 『神社のいろは』168 ページ「宮中三殿について教えてください」、170 ページ「皇室祭祀について教えてください」、172 ページ「恒例祭祀」

問 57　正解　1
問 58　正解　3
問 59　正解　2

以下の文章を読んで問 60 から問 62 までの設問に答えてください。

　特に皇室と歴史的に関係が深い神社には、例祭や臨時祭に天皇陛下のお使いである勅使が参向します。これらの神社を勅祭社(ちょくさいしゃ)といい、現在、全国に 16 社があります。このうち、宇佐神宮と【ア】には 10 年ごと、鹿島神宮と香取神宮には【イ】ごとの例祭に勅使が差遣され、【ウ】には春秋 2 度の例大祭に勅使が遣わされています。

問60
【ア】に入る神社を選んでください。

1．氷川(ひかわ)神社
2．近江神宮
3．橿原(かしはら)神宮
4．香椎宮(かしいぐう)

問61
【イ】に入る言葉として正しいものを選んでください。

1． 3年　　2． 6年
3．13年　　4．16年

問62
【ウ】に入る神社を選んでください。

1．明治神宮　　2．平安神宮
3．熱田神宮　　4．靖國神社

➡ 『神社のいろは』173 ページ「勅祭社について教えてください」

問60　正解　4

問61　正解　2

問62　正解　4

以下の文章を読んで問 63 から問 67 までの設問に答えてください。

　7世紀になって朝廷は、その法体系のなかに日本独自の神祇制度を組み込んでいきました。古代において、その存在・役割を国家的に認められた神社を官社といいます。これらの神社には、祭祀を扱っていた行政機構の【ア】から、祈年祭のときに幣帛が献じられました。

　それが平安時代になると、重要度に応じて大社と小社に区分されました。さらに、祈年祭に際して、【ア】に出向いて幣帛を受ける神社・【イ】と、地方の行政官から幣帛を受ける神社・【ウ】とに分けられるようになりました。この時点の神社の一覧が『延喜式』に記されているのです。祈年祭以外にも幣帛を受ける神社もあり、また、特に霊験あらたかな【エ】と呼ばれる神社もあり、『延喜式』にはその旨も記載されています。

　その『延喜式』巻9・10 に記載された二八六一社の神社のことを【オ】といい、また、その『延喜式』巻9・10 のことを【カ】といいます。

問 63

【ア】に入る言葉として正しいものを選んでください。

1．神祇院　　2．神祇官
3．太政官　　4．内蔵(くら)寮

問 64

【イ】【ウ】に入る言葉の組み合わせとして正しいものを選んでください。

1．イ、天帛(てんぱく)社
　　ウ、地帛(ちはく)社
2．イ、天神(てんじん)社
　　ウ、地祇(ちぎ)社
3．イ、官幣(かんぺい)社
　　ウ、国幣(こくへい)社
4．イ、官祭(かんさい)社
　　ウ、国祭社

問 65

【エ】に入る言葉として正しいものを選んでください。

1. 明神大社　　2. 名神大社
3. 官幣大社　　4. 神祇大社

問66

【オ】に入る言葉として正しいものを選んでください。

1. 延喜社　　2. 記載社
3. 律令社　　4. 式内社

問67

【カ】に入る言葉として正しいものを選んでください。

1. 国史見在社
2. 神祇官幣帛帳
3. 延喜式神名(じんみょう)帳
4. 国史記載社

❖ 解 説 ❖

問63の神祇院は昭和15年(1940)にできた神社行政機関です。太政官とは、古代においては律令制のもとに行政組織を管轄したところです。明治維新

によって太政官は復興され政務を司りますが、内閣制度が発足したことにより廃止されました。内蔵寮は律令制において宮中の御料を司った役所です。問67の国史見在社とは、六国史（りっこくし。『日本書紀』『続日本紀／しょくにほんぎ』『日本後紀／にほんこうき』『続日本後紀』『日本文徳天皇実録／にほんもんとくてんのうじつろく』『日本三代実録』）に神社名や神名が記載されている神社のことをいい、国史現在社・国史所載社ともいいます。

➡『神社のいろは』176ページ「式内社、一宮について教えてください」

問63　正解　2　　　問64　正解　3

問65　正解　2　　　問66　正解　4

問67　正解　3

問68
以下の文章の空欄【　】に入る言葉として正しいものを選んでください。

　源頼朝（みなもとのよりとも）は政治の根本に神社の崇敬と神事を第一におきます。その方針は、鎌倉時代中期に北条泰時（ほうじょうやすとき）が制定した【　】によって明確に表されます。その第1条には「神社を修理し、祭祀を専（もっぱ）らにすべきこと」とあり、続いて「神は人の敬ふに依（よ）りて威（い）を増し、人は神の徳に依りて運を添ふ」とあります。

1．建武式目（けんむしきもく）
2．禁秘御抄（きんぴみしょう）
3．禁中並公家諸法度
　　（きんちゅうならびにくげしょはっと）
4．御成敗（ごせいばい）式目

❖ 解 説 ❖

「建武式目」は室町時代に、「禁中並公家諸法度」は
江戸時代に制定されました。「禁秘御抄」は、神事へ
の姿勢や宮廷の儀式や政務のあり方について第84
代順徳天皇により鎌倉時代に記されたもので、その
後の歴代天皇の規範となったものです（『神社のいろ
は　続』93ページ「「神事を先にし他事を後にす」」、
104ページ「建武の中興と南北朝」、119ページ「徳
川幕府の社寺政策」参照）。

➡ 『神社のいろは』178ページ「明治時代に定めら
れた社格について教えてください」

正解　4

問69

以下の文章の空欄【　】に入る言葉として正しい
ものを選んでください。

　中世後期になると村落は自立し自治組織を作
っていき、これらは惣（そう）ないし惣村と呼ば
れていきます。惣村の指導者は乙名（おとな）と
呼ばれる古老たちで、元来、乙名は村落の神社
の祭祀を行う【　】と呼ばれる組織の代表者でし

た。村落の人たちは神社に寄りあい、年中行事に参加し、共同して氏神を守っていったのです。

1. 神座（かみざ）　　2. 宮座（みやざ）
3. 一座（いちざ）　　4. 車座（くるまざ）

➡ 『神社のいろは』178ページ「明治時代に定められた社格について教えてください」

正解　2

問70

以下の文章の空欄【　】に入る言葉として正しいものを選んでください。

昭和20年（１９４５）にGHQ（連合軍総司令部）により出された「国家神道、神社神道二対スル政府ノ保証、支援、保全、監督並二弘布ノ廃止二関スル件」（いわゆる【　】）により、国家と神社の関係を定めた諸法令は廃止され、「国家の宗祀」としての神社の位置づけはなくなりました。

1. 神官追放　　2. 神道廃止
3. 宗祀措置　　4. 神道指令

➡ 『神社のいろは』178ページ「明治時代に定められた社格について教えてください」

正解　4

問71～問100は『古語拾遺』に関する問題です。

以下の文章を読んで問71と問72の設問に答えてください。

　古代には、6月と12月の晦日（みそか）に、天皇の住まいである内裏（だいり）の朱雀（すざく）門の前で大祓（おおはらえ）が行われていました。その時、大祓詞（おおはらえことば）を奏上したのが【ア】氏です。自然災害や戦争などが起きたときには、諸国でも臨時の大祓が行われました。天皇即位の【イ】といった重要な神事の際などに朝廷で臨時の大祓が行われています。このときに奏上される大祓詞は、平安時代以降に民間にも普及し、【ア】氏が奏上したことから【ア】祓とも呼ばれて様々に展開がなされ、神道の古典としても重要視されていきます。

問71
【ア】入る言葉として正しいものを選んでください。

1．斎部（いんべ）　　2．大伴（おおとも）
3．猿女（さるめ）　　4．中臣（なかとみ）

問72
【イ】入る言葉として正しいものを選んでください

1. 大嘗祭（だいじょうさい）
2. 祈年祭（きねんさい）
3. 神嘗祭（かんなめさい）
4. 大新嘗祭（だいしんじょうさい）

➡『神話のおへそ『古語拾遺』編』32ページ「素戔嗚神の勝さび」、29ページ「天と地が初めて出来た時」、48ページ「天孫降臨」

問71　正解　4　　　問72　正解　1

「天石窟（あめのいわや）」の神話に関する問題です。以下の文章を読んで問73と問74の設問に答えてください。

　天香具山（あめのかぐやま）の神聖な榊を根っこから引き抜いて、上の枝には玉を取り懸（か）け、中ごろの枝には鏡を取り懸け、下の枝には青【ア】・白【ア】取り懸けました。そして、【イ】が丁重に祝詞をこう申し上げました。「私の差し上げたこの宝の鏡が、明るく輝き美しいのは、あたかも天照大神（あまてらすおおかみ）、あなた様のようです。さあ、岩戸を開けてお姿をお見せください」。そう申し上げて天児屋命（あめのこやねのみこと）と二人でお祈りをしました。

問73

【ア】に入る言葉として正しいものを選んでください

1. 剣
2. 和幣(にきて)
3. 玉串(たまぐし)
4. 神衣(かんみそ)

問74

【イ】に入る言葉として正しいものを選んでください。

1. 櫛明玉命(くしあかるたまのみこと)
2. 天忍日命(あめのおしひのみこと)
3. 彦狭知命(ひこさしりのみこと)
4. 太玉命(ふとだまのみこと)

➡ 『神話のおへそ『古語拾遺』編』34ページ「天石窟」

問73 正解 2 問74 正解 4

以下の文章を読んで問75から問78までの設問に答えてください。

　大己貴神（おおなむちのかみ）は大和国（やまとのくに）に鎮座する【ア】のご祭神です。その大己貴神と【イ】は共に力をあわせ心を一つにして【ウ】をなさいました。人々や家畜のために病気を治す方法を定め、鳥獣や昆虫による災いを取り除くためのおまじないの方法を定めなさいました。効験は確かで、人々はいまに至るまで、その恩恵をこうむっています。【イ】は高皇産霊尊（たかみむすひのみこと）の子で、後に常世（とこよ）の国に赴きました。

問75
【ア】に入る言葉として正しいものを選んでください

1．石上（いそのかみ）神宮
2．大神（おおみわ）神社
3．大和（おおやまと）神社
4．出石（いずし）神社

問76
【イ】に入る言葉として正しいものを選んでください

1．少彦名神（すくなひこなのかみ）

2．神産霊尊（かみむすひのみこと）

3．大宮売神（おおみやのめのかみ）

4．国常立尊（くにのとこたちのみこと）

問77

【ウ】に入る言葉として正しいものを選んでください

1．神作り　　2．土作り

3．国作り　　4．子作り

問78

下線部の「その恩恵をこうむっています」は、『古語拾遺』原文では何と書かれているでしょうか。それは「みたまのふゆ」と読み、神や天皇の霊威による恩恵をこうむっているとの古来の信仰を表現した言葉です。

1．玉増　　2．恩蒙

3．霊殖　　4．恩頼

➡ 『神話のおへそ『古語拾遺』編』42ページ「剣と「国作り」」、39ページ「日神の出現と素戔嗚神の追放」、55ページ「神籬を建て神々を祀る」、60ページ「垂仁天皇の御代に」

問75　正解　2　　問76　正解　1
問77　正解　3　　問78　正解　4

以下の文章を読んで問79から問81までの設問に答えてください。

　吾勝尊（あかつのみこと）は【ア】の娘、栲幡千千姫命（たくはたちぢひめのみこと）と結婚し、天津彦尊（あまつひこのみこと）がお生まれになりました。皇孫命（すめみまのみこと）とは、天照大神と【ア】の二神の孫にあたるため、皇孫と申し上げます。まさしく、天照大神と【ア】は皇孫を大切にお育てになり、天降（あまくだ）らせて豊葦原（とよあしはら）の中国（なかつくに）の君主になさろうと考えられました。そのために、【イ】（今の下総国／しもうさのくにの香取神宮の御祭神です）と【ウ】（今の常陸国／ひたちのくにの鹿嶋神宮の御祭神です）を地上に派遣して平定させました。大己貴神と子の【エ】はともに国を献上しました。

問 79

【ア】に入る言葉として正しいものを選んでください。

1. 天御中主神(あめのみなかぬしのかみ)
2. 高皇産霊尊
3. 神産霊尊
4. 思兼神(おもいかねのかみ)

問 80

【イ】【ウ】に入る言葉の組み合わせとして正しいものを選んでください。

1. イ、武甕槌神(たけみかづちのかみ)
   ウ、経津主神(ふつぬしのかみ)
2. イ、経津主神　ウ、武甕槌神
3. イ、磐筒女神(いわつつめのかみ)
   ウ、甕速日神(みかはやひのかみ)
4. イ、甕速日神　ウ、磐筒女神

問81
【エ】に入る言葉として正しいものを選んでくだ
さい。

1．事代主神（ことしろぬしのかみ）
2．大物主神（おおものぬしのかみ）
3．大国魂神（おおくにたまのかみ）
4．大山津見神（おおやまつみのかみ）

➡ 『神話のおへそ『古語拾遺』編』44ページ「天孫」
問79　正解　2
問80　正解　2
問81　正解　1

以下は「天孫降臨（てんそんこうりん）」に際して授けられた「神勅（しんちょく）」に関する問題です。問82から問85までの設問に答えてください。

問82

以下の内容の神勅は何と呼ばれているものでしょうか。

「葦原の瑞穂（みずほ）の国は、我々の子孫が君として治める国である。皇孫よ、赴いて国を治めなさい。皇室の繁栄は天地（あめつち）とともに長く続くことでしょう」

1．葦原瑞穂の神勅
2．皇統無窮（こうとうむきゅう）の神勅
3．天壌無窮（てんじょうむきゅう）の神勅
4．天地瑞穂の神勅

問83
「同床共殿(どうしょうきょうでん)の神勅」とも
呼ばれる以下の内容の神勅は何と呼ばれている
ものでしょうか。

　「わが子孫たちよ、この鏡は私そのものであ
ると思いなさい。あなたと同じ御殿、同じ御床
に安置して神聖な鏡としなさい」

1．宝鏡奉斎(ほうきょうほうさい)の神勅
2．宝鏡神聖の神勅
3．依代御殿の神勅
4．依代同床の神勅

問84

以下の内容の神勅は何と呼ばれているものでしょうか。

「私が高天原で作った神聖な稲穂をまた、わが子孫に授けなさい」

1. 斎田稲穂(さいでんのいなほ)の神勅
2. 稲作伝授(でんじゅ)の神勅
3. 稲作永遠の神勅
4. 斎庭稲穂(ゆにわのいなほ)の神勅

問85

上記の神勅は「三大神勅」と呼ばれていますが、このとき、他にも神勅が授けられています。それらすべての神勅は何と呼ばれているでしょうか。

1. 四大神勅　　2. 五大神勅
3. 六大神勅　　4. 七大神勅

➡『神話のおへそ『古語拾遺』編』45 ページ「神勅」

問82　正解　3　　問83　正解　1
問84　正解　4　　問85　正解　2

問 86

以下の文章を読んで空欄【　】に入る言葉として正しいものを選んでください。

　皇孫の天孫降臨から神武天皇がお生まれになるまでは【　】が舞台となり、『古事記』『日本書紀』には、この間のことが詳しく書かれています。皇孫の天津彦尊（天津彦彦火瓊瓊杵尊／あまつひこひこほのににぎのみこと）とその御子・彦火尊（彦火火出見尊／ひこほほでみのみこと）、さらにその御子である彦激尊（彦波激武鸕鷀草葺不合尊／ひこなぎさたけうがやふきあえずのみこと）のことは一般に「【　】三代」と呼ばれています。

1．伊勢　　2．大和
3．日向　　4．阿波

➡『神話のおへそ 『古語拾遺』編』48 ページ「天孫降臨」

正解　3

問 87

「神武東征」についての問題です。神武天皇は都をどこに建設し、宮殿を建てられたでしょうか。

1. 磯城（しき）　　2. 宇陀（うだ）
3. 磐余（いわれ）　4. 橿原（かしはら）

➡『神話のおへそ『古語拾遺』編』52 ページ「神武天皇の東征と橿原の宮」、59 ページ「崇神天皇の御代に」、62 ページ「神功皇后の御代に」

正解　4

以下は、神武天皇の宮殿の造営や祭祀具が作られたときのことが書かれた文章の一部です。文章を読んで問 88 から問 90 の設問に答えてください。

　天富命（あめのとみのみこと）に命じて、手置帆負（たおきほおい）・彦狭知（ひこさしり）の二神の子孫を率いて神聖な斧・鋤（すき）で山から木材を伐り出させ、天皇の宮殿を作らせました。祝詞で「底（そこ）つ磐根（いわね）に宮柱（みやはしら）ふとしり立て、【ア】に千木高（ちぎたか）しり」というように、天皇の立派な御殿をお作り申し上げました。その由来から、二神の子孫は【イ】国の御木（みき）・麁香（あらか）の地に住んでいます。

　また、天富命に斎部の配下の諸氏を率いて、様々な神宝（かむだから）、鏡・玉・矛・盾・木綿・麻な

どを作らせました。櫛明玉命（くしあかるたまのみこと）の子孫は、御祈玉（みほきたま）を作りました。その子孫は、いま、【ウ】国に住んでいます。毎年、貢ぎ物と一緒にその玉を献上しています。

問88
【ア】に入る言葉として正しいものを選んでください。

1. 常世（とこよ）の国
2. 蓬莱山（ほうらいさん）
3. 富士山
4. 高天原

問89
【イ】に入る言葉として正しいものを選んでください。

1. 讃岐　　2. 出雲
3. 紀伊　　4. 阿波

問90
【ウ】に入る言葉として正しいものを選んでください。

1．讃岐　　2．出雲
3．紀伊　　4．阿波

➡『神話のおへそ『古語拾遺』編』53 ページ「造殿と斎部」「祭祀具と斎部」

問88　正解　4
問89　正解　3
問90　正解　2

以下は、宮殿の造営が完成し、神武天皇の大嘗祭に際してのことが書かれたものです。以下の文章を読んで問91から問93の設問に答えてください。

　すっかり整ったところで、天富命（あめのとみのみこと）は斎部たちを率いて、天璽（あまつしるし）の【ア】を捧げ持って、天皇の宮殿に安置申し上げました。また、宮殿の中に【イ】を懸け、神様へのお供え物をならべて、宮殿の祭りの祝詞を奏上しました。ついで、宮殿の門の祭りを行いました。

問91
【ア】に入る言葉として正しいものを選んでください。

1．鏡　　　2．鏡・玉
3．鏡・剣　　4．鏡・剣・玉

問92
【イ】に入る言葉として正しいものを選んでください

1．矛　　2．盾　　3．玉　　4．麻

問93
下線部の「宮殿の祭り」を表す言葉として正しいものを選んでください。

1．大宮祭（おおみやほがい）
2．大殿祭（おおとのほがい）
3．御門祭（みかどのまつり）
4．宮門祭（みやかどのまつり）

➡ 『神話のおへそ『古語拾遺』編』56 ページ「大
殿祭・御門祭と大嘗祭」

問91　正解　3

問92　正解　3

問93　正解　2

以下の文章を読んで問94と問95の設問に答え
てください。

　磯城（しき）の瑞垣宮（みずがきのみや）に都した
【ア】の御代、次第に神様の霊威を恐れ畏（かしこ）む
ようになり、ご神体を同じ宮殿の内に留めておくの
は畏れ多い、と感じられるようになりました。そこ
で、斎部氏に命じて石凝姥（いしこりどめの）神・天
目一箇（あめのまひとつの）神の子孫たちに新たに
【イ】を作らせ、天皇をお守りするしるしとしました。

問94

【ア】に入る言葉として正しいものを選んでくだ
さい。

1．垂仁（すいにん）天皇

2．崇神（すじん）天皇

3．仲哀（ちゅうあい）天皇

4．景行（けいこう）天皇

問 95
【イ】に入る言葉として正しいものを選んでください。

1. 鏡　　　　2. 鏡・玉
3. 鏡・剣　　4. 鏡・剣・玉

➡ 『神話のおへそ『古語拾遺』編』59 ページ「崇神天皇の御代に」

問 94　正解　2　　　問 95　正解　3

以下の文章を読んで問 96 から問 98 の設問に答えてください。

纏向（まきむく）の日代宮（ひしろのみや）に都した【ア】の御代、天皇は日本武命（やまとたけるのみこと）にお命じになり、東国の夷（えみし）を討伐させました。その途中、日本武命は伊勢神宮に参拝し、【イ】にお別れの挨拶を申しあげた時、【イ】は草薙剣を日本武命にお授けになり、こうおっしゃいました「慎みてな怠りそ（慎んで、軽率な行動をとらないように）」と。そして、日本武命は、東国の敵賊を討ち果たし、戻る途中の【ウ】で結婚して久しくその地に留まりました。しかし、草薙剣を置いたまま、武器を持たずに胆吹山（いぶきやま）に登り、山の神の毒気に当たって薨去なさいました。

問96
【ア】に入る言葉として正しいものを選んでくだ
さい。

1. 垂仁天皇　　2. 崇神天皇
3. 仲哀天皇　　4. 景行天皇

問97
【イ】に入る言葉として正しいものを選んでくだ
さい。

1. 宮簀媛(みやずひめ)
2. 倭姫(やまとひめの)命
3. 海檜槍(あまのひほこ)
4. 豊鍬入姫(とよすきいりびめの)命

問98
【ウ】に入る言葉として正しいものを選んでください。

1. 尾張国（おわりのくに）
2. 美濃国（みののくに）
3. 近江国（おうみのくに）
4. 伊賀国（いがのくに）

➡ 『神話のおへそ 『古語拾遺』編』61ページ「景行天皇の御代に」、60ページ「垂仁天皇の御代に」

問96　正解　4
問97　正解　2
問98　正解　1

「遺（も）れている事の九」に書かれている以下の文章を読んで問99と問100の設問に答えてください。
　宮中の【ア】の儀は、天鈿女命（あめのうずめのみこと）に由来します。ですから、八神殿に奉仕する巫女の職は本来の氏族である【イ】から任命されるべきです。

問99

【ア】に入る言葉として正しいものを選んでください。

1．大祓　　　　　2．鎮魂祭
3．節折(よおり)　4．祈年祭

問100

【イ】に入る言葉として正しいものを選んでください。

1．物部氏
2．賀茂県主(かもあがたぬし)
3．来目部(くめべ)
4．猿女(さるめ)氏

➡『神話のおへそ『古語拾遺』編』75ページ「遺れている事の九」、52ページ「神武天皇の東征と橿原の宮」

問99　正解　2　　問100　正解　4

第10回 神社検定 問題と解説

「神社の歴史と神話」編　全100問

令和4年6月26日に行われた
「第10回 神社検定」の2級試験は、
公式テキスト③『神社のいろは　続』から61問、
公式テキスト⑩『神話のおへそ『日本書紀』編』から31問、
季刊誌『皇室』令和3年夏・91号から1問、
季刊誌『皇室』令和4年冬・93号から2問、
季刊誌『皇室』令和4年春・94号から5問
が出題されました。
（問題の中には出典が重複するものもあります）

※解説に示しているのは、公式テキストに掲載されている
　関連項目のページ数です。

「風土記」に書かれた以下の文章を読んで問1と問2の設問に答えてください。

　遠い昔、麻多智（またち）という人物が、ある谷を開墾して水田を作りました。そこに【　】がぞろぞろと出てきて農作業の邪魔をします。それは角のある蛇のことで、人々はひどく恐れていました。しかし、麻多智は鎧を身に着け、【　】たちを追い払いました。そして、山の中まで追いこんで、その麓に堀を作り、境界を示す杭を立てて申し上げます。「ここから上は神の領域で、ここから下は人の田とする。今後は私が神主となって後の世までお祭りすることにします。ですから、祟ったりしないでください」。この物語からは「風土記」以前の古代人の神観念・自然観がうかがえます。

問1
この物語は何に書かれているでしょうか。

1．出雲国風土記
2．常陸国風土記
3．播磨国風土記
4．肥前国風土記

問2
空欄【 】に入る言葉として最もふさわしいもの
を選んでください。

1．夜刀の神
2．角蛇の神
3．大地の神
4．境の神

➡ 『神社のいろは 続』24 ページ「夜刀の神」
問1 正解 2 問2 正解 1

問3
以下は福岡県の沖ノ島での祭祀について書かれ
たものです。【ア】【イ】に入る言葉の組み合わせ
として正しいものを選んでください。

　お祭りは4世紀後半から始められ、巨【ア】の
上に多量の銅鏡や勾玉、鉄製の剣などを供えて
行われていました。5世紀後半以降は、【イ】陰
に祭りの場を移し、金銅製の馬具、金の指輪な
ど朝鮮半島との結びつきを示すもののほか、ペ
ルシャ製のカットグラス、唐の陶器なども用い
られていました。沖ノ島での祭祀が大和朝廷の

外交と密接に絡んでいた証しと考えられていま
す。8世紀から9世紀の祭祀で供えられた品々
は巨【ア】から離れ、露天の部分に多く残されて
いましたが、遣唐使が廃止された9世紀末ごろ
を境にこの遺跡でのお祭りは終了したと推測さ
れています。

1．ア、岩　イ、木
2．ア、木　イ、岩
3．ア、岩　イ、岩
4．ア、木　イ、木

➡『神社のいろは　続』25ページ「沖ノ島の祭祀遺跡」

正解　3

以下の文章を読んで問4と問5の設問に答えてくだ
さい。

　国史の編纂を始められたのが天武天皇です。『古事
記』序文によれば、天武天皇はこう述べられたとい
います。帝紀や本辞は「邦家の【ア】、【イ】の鴻基」で
ある。それは、国家の原理、天皇統治の基本という
ことです。よって、帝紀を撰録し、旧辞を明らかに
して、偽りを削り真実を定め、後世に伝え、今を考
える手本（【ウ】）とされたのです。

問4

【ア】【イ】に入る言葉の組み合わせとして正しい
ものを選んでください。

1. ア、経過　　イ、皇化
2. ア、経緯　　イ、王化
3. ア、経過　　イ、王化
4. ア、経緯　　イ、皇化

問5

【ウ】に入る言葉として正しいものを選んでくだ
さい。

1. 温故知新　　2. 覧古考新
3. 深根固柢　　4. 稽古照今

➡ 『神社のいろは　続』35ページ「神祇制度と国史
編纂のさきがけ」

問4　正解　2　　問5　正解　4

以下の文章を読んで問6と問7の設問に答えてください。

　律令の中には公的祭祀の大綱をまとめた「神祇令」がありました。神祇令は祭祀の大枠を示したもので、実際の斎行には先例などにならい、平安時代になると『弘仁式』『【ア】式』や『【ア】儀式』、『【イ】式』などで詳しい細則が載せられました。また、『養老令』の官撰注釈書として『令義解』があり、注釈を集大成した書として【ウ】があります。

問6
【ア】【イ】に入る言葉の組み合わせとして正しいものを選んでください。

1．ア、貞観　　イ、延喜
2．ア、延喜　　イ、貞観
3．ア、延喜　　イ、養老
4．ア、養老　　イ、延喜

問7
【ウ】に入る言葉として正しいものを選んでください。

1．令集解　　　2．令釈集
3．類聚三代義　4．類聚三代釈

➡ 『神社のいろは　続』39 ページ「神祇令と国家祭祀」

問6　正解　1　　問7　正解　1

以下の文章を読んで問8から問12までの設問に答えてください。

　神祇令では、祭祀はお祭りに先だって行われる潔斎の期間により大祀（1か月）、中祀（3日）、小祀（1日）に分けられました。潔斎には【ア】や【イ】があり、【ア】では弔問や肉食、流血などに触れることを避けて禁欲し、【イ】ではもっぱら日常を離れてただ祭祀のみに専念しました。とりわけ天皇即位にともなう大嘗祭では潔斎期間を【ア】一月、【イ】三日とし、3か月以内に大幣（おおみてぐら／幣帛）を準備することが定められていました。大嘗祭とは天皇即位後に斎行の年を決めて行われる初めての【ウ】です。

　一方、践祚（天皇位を受け継ぐ）の日の践祚の儀では、中臣氏が天つ神の【エ】を奏上し、忌部氏が神璽の鏡剣を奉ることが規定されていました。【エ】とは天皇の御代が長く続くことを祝う言葉のことです。また、皇位継承は天つ神の委任によるもので、百官は【オ】の心で奉仕すべきであるといった内容の宣命が読み上げられました。

問8
【ア】【イ】に入る言葉の組み合わせとして正しい
ものを選んでください。

1．ア、散斎　イ、致斎
2．ア、小斎　イ、大斎
3、ア、月斎　イ、日斎
4．ア、忌斎　イ、真斎

問9
【ウ】に入る言葉として正しいものを選んでくだ
さい。

1．祈年祭　　2．新嘗祭
3．月次祭　　4．神嘗祭

問10
【エ】に入る言葉として正しいものを選んでくだ
さい。

1．呪詞　　2．寿詞
3．賀詞　　4．栄詞

問11
下線部の中臣氏の説明として、以下の記述のうち間違っているものを選んでください。

1. 天児屋命の子孫とされている。
2. 『大宝律令』の施行に先立って、中臣氏を不比等の子孫である藤原氏とそれ以外の中臣氏とに分ける詔勅が文武天皇より下された。
3. 中臣氏は平安時代を通じて、神祇伯を継承した。
4. 平安時代に神宮祭主が成立すると世襲した。

問12
【オ】に入る言葉として最もふさわしいものを選んでください。

1. 明・麗・正・直　　　2. 明・浄・慈・直
3. 明・浄・正・直　　　4. 明・浄・正・誠

➡『神社のいろは　続』45ページ「践祚大嘗祭と大祓」、46ページ「中臣氏と忌部氏」

問 8	正解	1	問 9	正解	2
問10	正解	2	問11	正解	3
問12	正解	3			

引き続き「神祇令」に関する問題です。以下の文章を読んで問13から問15までの設問に答えてください。

　神祇令には6月と12月の晦日の大祓の大綱も定められていました。大祓では中臣氏が御祓麻（みはらいのぬさ）を、【ア】が祓刀（はらいのたち）を天皇に奉り、この儀式がすむと、百官の男女が朱雀門の祓所に集まり、中臣氏が大祓詞を読み、卜部氏が解除（はらえ）と呼ばれる儀礼を行いました。【ア】は渡来系氏族で、刀と金属製の【イ】を用いて道教的な漢文体の祝詞を唱えました。

問13
【ア】に入る言葉として正しいものを選んでください。

1．東西文部　　2．東西和部
3．東西秦部　　4．東西津部

問14
下線部の卜部氏の説明として、以下の記述のうち間違っているものを選んでください。

1．もともと中臣氏に従う氏族であったと考え

られ、亀卜をその職能として伝えてきた。

2．平安時代以降、神祇大副に任命されるよう
　　になった。

3．後に平野神社の祠官を務める家と吉田神社
　　の祠官を務める家に分かれた。

2
級

4．中臣、忌部氏をはじめ、卜部、猿女などの
　　氏族を皇別氏族という。

問15
【イ】に入る言葉として正しいものを選んでくだ
さい。

1．装束　　　　　　2．定規
3．切麻（きりぬさ）　4．人形

➡『神社のいろは　続』45 ページ「践祚大嘗祭と大
祓」、46 ページ「中臣氏と忌部氏」

問13　正解　1

問14　正解　4

問15　正解　4

以下の文章を読んで問 16 から問 19 までの設問に答えてください。

　平安時代になると、山城国に古くから鎮座する神社が都を護る神として尊崇されるようになります。平安京への遷都に際しては、遷都以前からこの地に鎮座していた【ア】が官社となりました。平安時代後期の『江家次第』などによると、【ア】を平安京の造営に際して他所に遷そうとしましたが、「この地に坐して帝王を護り奉らん」との託宣があり、宮内省内に祀られることになったといいます。

　賀茂社は朝廷よりとくに篤い崇敬を受けます。薬子の変の鎮定後、嵯峨天皇は神宮の例にならって、未婚の皇女を斎王として祭祀に奉仕せしめました。原則的に天皇の御代替わりのときに卜定によって決められ、２年の潔斎を経て３年目の４月に斎院（【イ】）に入りました。そして、【ウ】を用いるなど不浄や仏事を厳しく避ける生活をしながら院内での祭事を行い、賀茂社には祭りのときのみ参向し神事に奉仕されました。賀茂社参向に先立っては、【エ】で【オ】を行いましたが、その行列は見物人も多数集まり、多くの文学作品にも取り上げられました。

問16

【ア】に入る言葉として適切なものを選んでください。

1．園韓神社　　2．北野社
3．今宮社　　　4．愛宕社

問17

【イ】に入る言葉として最もふさわしいものを選んでください。

1．黒木院　　2．紫野院
3．雲林院　　4．葵院

問18

【ウ】に入る言葉として最もふさわしいものを選んでください。

1．紫語　　2．浄語
3．金詞　　4．忌詞

問 19
【エ】【オ】に入る言葉の組み合わせとして正しい
ものを選んでください。

1．エ、賀茂川　オ、祓
2．エ、宇治川　オ、祓
3．エ、賀茂川　オ、禊
4．エ、宇治川　オ、禊

➡『神社のいろは　続』61 ページ「都と国を護る
神々」

問 16　正解　1　　問 17　正解　2
問 18　正解　4　　問 19　正解　3

以下の文章を読んで問 20 から問 22 までの設問
に答えてください。

【ア】信仰とは非運のうちに亡くなった人の霊魂が
祟って生じた厄災に対し、その怒りを丁重に慰める
ことにより平穏を回復しようとする信仰をいいま
す。

　貞観 5 年（863）に猛威をふるった疫病に際
し、朝廷は神泉苑で大規模な官制の【ア】会を初め
て行いました。以後、【ア】会はしばしば行われてい
きます。

　正暦 5 年（994）には北野船岡【ア】会が、長保 3

年（1001）には紫野今宮【ア】会が行われます。この際には、疫神を祀って神輿に載せ、【イ】へ送り出しました。疫神は外部から訪れて祟りをなすので、丁重にお祭りし、再び共同体の外へと送り出したのです。

問20
【ア】に入る言葉として正しいものを選んでください。

1. 怨霊　　2. 生霊
3. 御霊　　4. 鬼霊

問21
下線部の「朝廷は神泉苑で大規模な官制の【ア】会を初めて行いました」の説明として間違っているものを選んでください。

1. 祭壇に供物を供え、舞楽などが奏された。
2. 般若経典などの読経が行われた。
3. 僧侶が積極的に関わった。
4. 庶民の見物は許されなかった。

問22

【イ】に入る言葉として最もふさわしいものを選
んでください。

1. 井戸の底　　2. 天
3. 川や海　　　4. 深山(みやま)

➡『神社のいろは　続』76ページ「御霊信仰の発生
と展開」

問20　正解　3

問21　正解　4

問22　正解　3

問23

以下の文章を読んで【ア】【イ】に入る言葉の組み
合わせとして正しいものを選んでください。

　平安時代初期に頻繁に行われた名神への【ア】
奉幣は、畿内に限らず全国各地の神々に対して
行われていましたが、それが徐々に、奉幣対象
の神社の範囲は狭くなり、公祭に預かる平安京
近辺の諸社を中心に数社を特定して行われるよ
うになります。そして白河天皇の11世紀に
は二十二社【イ】が確立しました。

1. ア、臨時　イ、神宝使
2. ア、臨時　イ、奉幣
3. ア、雨穀　イ、神宝使
4. ア、雨穀　イ、奉幣

➡『神社のいろは　続』71ページ「天皇御願の祭祀と神鏡」、81ページ「二十二社奉幣の成立」

正解　2

以下の文章を読んで問24から問26までの設問に答えてください。

　神宮には古代以来の仏教忌避の伝統がありました。この状況は<u>本地垂迹説</u>とは大きく矛盾します。神が仏の仮の姿であれば、仏教を忌避する必要がないからです。このことも僧侶たちによる一連の神道書を成立させる大きなきっかけとなりました。

　神宮の仏教忌避の説明として用いられたのが「第六天魔王譚」と「行基参詣譚」です。天魔とは仏道修行を妨げる悪魔のことです。第六天魔王譚とは、日本国生成のとき、日本が将来、仏教流布の地になることを見越した第六天魔王が、それを阻もうとした際に、天照大神が魔王に仏教忌避を偽って誓ったとする説話です。また、行基参詣譚とは、東大寺建立に際し聖武天皇が行基を神宮に派遣して同寺造営の裁可を仰いだとき、行基の前に大神が現れたとの説

です。この両説とも鎌倉初期までに成立したとされる【ア】に記されていて、ここから先、僧侶たちによって唱えられた仏家神道説が展開されていくのです。仏家神道は、一般に真言宗系の【イ】神道、天台宗系の【ウ】神道に分類されます。大きく仏教の影響を受けた神道という意味で、仏家神道を【イ】神道と呼ぶ場合もあります。

問24

下線部の「本地垂迹説」と基本的な考え方が同じものを選んでください。

1. 神身離脱説　　2. 護法善神説

3. 権現号　　　　4. 神本仏迹説

問25

【ア】に入る言葉として適切なものを選んでください。

1.『麗気記』　　2.『神道集』

3.『中臣祓訓解』　4.『八幡愚童訓』

問26
【イ】【ウ】に入る言葉の組み合わせとして最もふ
さわしいものを選んでください。

1. イ、山王　　ウ、両部
2. イ、御流　　ウ、法華
3. イ、両部　　ウ、山王
4. イ、法華　　ウ、御流

➡『神社のいろは　続』53ページ「神仏習合思想の
さきがけ」、73ページ「宮寺と本地垂迹説の展開」、
96ページ「鎌倉新仏教と仏家神道」、99ページ「両
部神道と山王神道の展開」、101ページ「中世神道説
と文芸」

問24　正解　3
問25　正解　3
問26　正解　3

以下の文章を読んで問27から問30までの設問に答えてください。

　僧侶による神道説が確立されていくころ、【ア】に奉仕する度会氏が中心となって生み出された神道説が現れます。伊勢神道は平安後期から鎌倉初期にかけて発生し、大神宮（伊勢）信仰が全国規模で広がりをみせていく状況のなか、確立されていきました。【イ】を大きな契機として、鎌倉中期から後期にかけて発展し、【ウ】に集大成されたといわれています。

　その教説は、皇大神宮と豊受大神宮のご鎮座の由来を述べ、祭神論を展開しています。また、皇統の無窮と三種の神器の尊厳、神宮の尊貴性を説いて、神国思想を強調しています。そして、神道における二大徳目として正直と【エ】を掲げ、これを中心とした倫理観と道徳観を展開し、祭祀の厳修と斎戒などを重視しています。

　神道古典と神宮の古伝承に基づいて理論が構築され、仏教や儒教などを巧みに取り入れて説明がなされています。その根本経典ともいうべき書に<u>神道五部書</u>と呼ばれるものがあります。伊勢神道は、北畠親房をはじめとする南朝や、その後の神道説に大きな影響を与えました。

問27

【ア】に入る言葉として適切なものを選んでください。

1. 内宮　　2. 斎宮
3. 外宮　　4. 金剛證寺

問28

【イ】【ウ】に入る言葉の組み合わせとして適切なものを選んでください。

1. イ、承久の変　ウ、南北朝時代
2. イ、元寇　　　ウ、南北朝時代
3. イ、承久の変　ウ、室町時代後期
4. イ、元寇　　　ウ、室町時代後期

問29

【エ】に入る言葉として適切なものを選んでください。

1. 無私　　2. 清浄
3. 慈悲　　4. 純真

問30
下線部の<u>神道五部書</u>に含まれないものはどれで
しょうか。

1.『造伊勢二所太神宮宝基本記』
2.『伊勢二所皇太神御鎮座伝記』
3.『倭姫命世記』
4.『心御柱秘紀』

➡ 『神社のいろは　続』100ページ「伊勢神道の成立」
問27　正解　3　　問28　正解　2
問29　正解　2　　問30　正解　4

吉田兼倶に関して書かれた以下の文章を読んで問
31から問35までの設問に答えてください。
　祠官側からの神道説として提唱された伊勢神道
は、吉田神道へとつながっていきます。吉田家の本
姓は卜部で、その後、古典の研究をもって家職（か
しょく）とするようにもなり、卜部兼方が編んだ『日
本書紀』の注釈書はその代表的な著述です。
　兼倶は応仁元年（1467）に神祇権大副となりま
すが、応仁の乱が勃発します。この時期においても、
兼倶は幾人かの弟子に神道伝授を行っています。文
明8年（1476）には、神祇伯を世襲した家柄であ
る【ア】に対抗して「神祇管領長上」などと称しました。
　兼倶は吉田社近くの吉田山上に、日野富子の援助

を受けて「太元宮」を建立します。太元宮には主神である太元尊神（【イ】）と天神地祇八百万の神が祀られています。

　自らの神道説を兼倶は【ウ】などと呼びました。また、【エ】も主張しました。仏教が日本で広まるのは、その根本である日本に帰ることだと理解していたからです。

　兼倶は【オ】と【カ】も発行し始めます。これが吉田神道説を全国へ広め、権威となっていく契機になりました。

問31

【ア】に入る言葉として正しいものを選んでください。

1．安倍家　　　2．烏丸家
3．土御門家　　4．白川家

問32

【イ】に入る言葉として正しいものを選んでください。

1．国狭槌尊　　　2．高皇産霊尊
3．神皇産霊尊　　4．国常立尊

問33

【ウ】に入る言葉として間違っているものを選んでください。

1．唯一神道　　　　2．宗源神道
3．元本宗源神道　　4．六根清浄神道

問34

【エ】に入る言葉として最もふさわしいものを選んでください。

1．粟散辺土説　　　　2．中華須弥山説
3．根本枝葉果（花）実説　4．三教東漸説

問35

【オ】【カ】に入る言葉の組み合わせとして正しいものを選んでください。

1．オ、三壇神階　　カ、神道裁許状
2．オ、宗源宣旨　　カ、神道裁許状
3．オ、三壇神階　　カ、禰宜許諾状
4．オ、宗源宣旨　　カ、禰宜許諾状

→『神社のいろは　続』110 ページ「吉田兼倶と吉田神道」、112 ページ「中世神道説の集大成」、114 ページ「宗源宣旨と神道裁許状」、102 ページ「神国思想の変遷」、120 ページ「諸社禰宜神主法度」、138 ページ「垂加神道の展開と水戸学」

問31　正解　4　　　問32　正解　4
問33　正解　4　　　問34　正解　3
問35　正解　2

神宮式年遷宮は応仁の乱を境にして、120 年以上、中断されていました。その再興をめぐる以下の文章を読んで問 36 から問 38 までの設問に答えてください。

　尼僧の【ア】清順上人は神宮式年遷宮が久しく行われないのを嘆き、諸国を勧進して回り、天文 18 年（1549）に、まず【イ】の架け替えを行いました。次いで第 106 代正親町天皇のご意向を受け、諸国の武士に勧進して外宮遷宮を遂行します。さらに、朝野の浄財を募って内宮の遷宮を目指しましたが志

半ばで亡くなり、その遺志は【ア】周養上人へと受け継がれました。周養上人も広く活発な勧進活動を行い、織田信長から多大な援助を受けます。信長の没後は、豊臣秀吉からも多額の支援を受け、天正13年（1585）に【ウ】の式年遷宮が再興されたのです。

従来、式年遷宮は【エ】が先に遷宮を斎行し、【オ】はその2、3年後に行われるのがおおむねの慣例となっていました。その後の慶長14年（1609）に両宮の式年遷宮が行われ、以降、式年遷宮は『延喜式』の定めに従い20年ごとに行われるようになりました。幕府は造営料3万石をもってその支援を行い、【カ】が造営の総督にあたりました。

問36
【ア】【イ】に入る言葉の組み合わせとして正しいものを選んでください。

1．ア、智積院　イ、宇治橋
2．ア、慶光院　イ、宇治橋
3．ア、智積院　イ、風日祈宮橋
4．ア、慶光院　イ、風日祈宮橋

問37

【ウ】【エ】【オ】に入る言葉の組み合わせとして正しいものを選んでください。

1. ウ、内宮　　　　エ、内宮　オ、外宮
2. ウ、外宮　　　　エ、外宮　オ、内宮
3. ウ、内宮・外宮　エ、内宮　オ、外宮
4. ウ、内宮・外宮　エ、外宮　オ、内宮

問38

【カ】に入る言葉として正しいものを選んでください。

1. 神宮奉行　　　2. 山田奉行
3. 神路奉行　　　4. 度会奉行

➡ 『神社のいろは　続』125 ページ「神宮式年遷宮の再興」

問36　正解　2
問37　正解　3
問38　正解　2

問39

以下の文章の空欄【 】に入る言葉として最もふさわしいものを選んでください。

　江戸時代になって17世紀後半には、一般庶民に向けての【 】が行われるようになっていきます。そのなかには増穂残口のものなど流行したものもあります。また、出版されたものもあり、これらは後に「通俗神道書」と呼ばれました。この【 】は、講談や落語などにも発展していきます。

1．神道漫談　　　2．辻説法
3．神道講釈　　　4．古道門付け

➡『神社のいろは　続』129ページ「庶民と神社、祭礼」

正解　　3

問40

以下は江戸時代の庶民信仰に関する文章です。【ア】【イ】に入る言葉の組み合わせとして最もふさわしいものを選んでください。

　江戸時代になると都市部では【ア】神が盛んに信仰されるようになりました。それまでの農耕の神としての性格に加え、商業の神として信仰されるようになり、多くの【ア】社が勧請されま

した。天神も学者文人の間で学業の神として信仰されるようになり、寺子屋での天神講などを通して庶民に広く浸透していきました。愛宕・秋葉など火防の神に対する信仰や、【イ】信仰も盛んになりました。【イ】信仰は、従来の漁業の神から商業の神として、関西を中心に信仰されました。

1．ア、稲荷　イ、エビス
2．ア、稲荷　イ、白山
3．ア、貴船　イ、エビス
4．ア、貴船　イ、白山

➡ 『神社のいろは　続』131 ページ「講と庶民信仰」

正解　1

江戸時代の神道説に関する以下の文章を読んで問41 から問 46 までの設問に答えてください。

　京都相国寺の禅僧だった藤原惺窩は還俗して朱子学の啓蒙に努め、門人の【ア】は家康に用いられました。【ア】は【イ】を唱えました。これは儒家神道家に共通する考え方です。【ア】が唱えた神道説は理当心地神道と呼ばれます。この思想は朱子学の「理気二元論」に基づいていました。

　一方、自らが拠り所とする神道説の再構築を図った人たちも現れます。吉川神道は吉川惟足によって唱えられました。惟足は従来の【ウ】を教学面から強

化しました。外宮権禰宜の出口（度会）延佳は、儒学
による解釈に基づいて伊勢神道の神道説を再構築し
ました。そして、近世における一つの思想としてま
とめあげたともいえるのが【エ】の垂加神道です。

　それまでの神道説と儒家神道説との大きな違いは
【オ】があることとされています。

　垂加神道はさまざまに影響を与え、水戸学も影響
を受けました。水戸学は、御三家の一つ水戸藩の第
2代藩主・徳川光圀が【カ】編纂のために史局・彰考
館を開設したことに始まります。

問 41
【ア】に入る言葉として正しいものを選んでくだ
さい。

1．山鹿素行　　2．中江藤樹

3．熊沢蕃山　　4．林羅山

問 42
【イ】に入る言葉として正しいものを選んでくだ
さい。

1．三教一致思想　　2．仏儒一致説

3．神儒一致説　　4．五行一致思想

問 43
【ウ】に入る言葉として正しいものを選んでください。

1．両部神道　　　2．吉田神道
3．山王一実神道　4．三輪流神道

問 44
【エ】に入る言葉として正しいものを選んでください。

1．荻生徂徠　　2．石田梅岩
3．新井白石　　4．山崎闇斎

問 45
【オ】に入る言葉として正しいものを選んでください。

1．崇道思想　　2．排仏思想
3．崇仏思想　　4．排道思想

問46
【カ】に入る言葉として正しいものを選んでください。

1.『大日本史』　　2.『類聚国史』
3.『本朝神社考』　4.『古史通』

❖　解　説　❖

　問44の荻生徂徠は江戸時代中期の儒学者です。問46の『類聚国史』は編年体の六国史の記事を内容によって分類した菅原道真の編纂による歴史書です。『古史通』は『日本書紀』の神話を史実によって考証しようとした新井白石の史論書です。

➡ 『神社のいろは　続』132ページ「儒家神道の展開」、135ページ「吉川神道と後期伊勢神道」、136ページ「神道説の集大成」、138ページ「垂加神道の展開と水戸学」、112ページ「中世神道説の集大成」、96ページ「鎌倉新仏教と仏家神道」、99ページ「両部神道と山王神道の展開」

問41　正解　4　　問42　正解　3
問43　正解　2　　問44　正解　4
問45　正解　2　　問46　正解　1

問47

「さて凡(すべ)て迦微(かみ)とは、古(いにしえの)御典(みふみ)等(ども)に見えたる天地(あめつち)の諸(もろもろ)の神たちを始めて、其(そ)を祀れる社に坐(ます)御霊(みたま)をも申し、又(また)人はさらにも云(いわ)ず、鳥獣木草(とりけものきくさ)のたぐい海山(うみやま)など、其余(そのほか)何にまれ、尋常(よのつね)ならずすぐれたる徳(こと)のありて、可畏(かしこ)き物を迦微(かみ)とは云(いう)なり」

　これは誰が書いた神様の定義でしょうか。

1．荷田春満　　2．賀茂真淵
3．本居宣長　　4．平田篤胤

➡『神社のいろは　続』141ページ「本居宣長の国学の集大成」、139ページ「国学の勃興」

正解　3

問48

平田篤胤の事績について間違っているものを選んでください。

1．日本人が古くから持っている素朴な霊魂観を理論化したともいえる。

> 2. 記紀の異伝を統一し、それらを古史へ復元
>   することを目的としていた。
> 3. 門人組織を作り、門人獲得を積極的に働き
>   かけた。
> 4. 門人たちは、各地で神葬祭の復興運動や尊
>   王運動には従事せず、維新に際して、大き
>   な影響力は持たなかった。

➡ 『神社のいろは　続』143ページ「平田篤胤の展
開」、144ページ「復古神道の展開」

正解　4

以下の文章を読んで問49から問52までの設問
に答えてください。

　明治3年(1870)、大教宣布の詔が発せられ、
日本の歴史や祭政一致の理念などを周知する国民教
化運動が始まります。しかし、神道家、神職のみな
らず僧侶も【ア】として動員されたこの教化運動は紆
余曲折を経て、明治17年(1884)には中止され
ることになります。この過程で出来た神道側の布教
機関が【イ】でした。

　また、上記の動きとあわせて、神社は「国家の宗祀」
として一宗一派に属する宗教的存在ではなく、ほか
の宗教とは扱いを別にすることになっていきます。
しかし、意見を異にした人たちもいました。【ウ】宮
司の千家尊福などは官幣大社の神官の身分を離れ、
神社とは密接不可分としつつ、教団を組織して神道

の布教を始めました。このような教団は後に【エ】と
呼ばれました。

問 49
【ア】に入る言葉として正しいものを選んでくだ
さい。

1. 説教師　　2. 伝道師
3. 教導職　　4. 講道職

問 50
【イ】に入る言葉として正しいものを選んでくだ
さい。

1. 神職中央局　　2. 神道教化局
3. 神道事務局　　4. 神職連絡局

問 51
【ウ】に入る言葉として正しいものを選んでくだ
さい。

1. 熊野大社　　2. 住吉大社
3. 諏訪大社　　4. 出雲大社

問 52
【エ】に入る言葉として適切なものを選んでください。

1. 教派神道　　2. 布教神道
3. 教祖神道　　4. 教導神道

➡ 『神社のいろは　続』152 ページ「教部省と国民教化策の展開」、154 ページ「教派神道」

問 49　正解　3　　問 50　正解　3
問 51　正解　4　　問 52　正解　1

問 53
以下の文章の【ア】【イ】に入る言葉の組み合わせとして正しいものを選んでください。
　明治 15 年(1882)、官社の神官たちは国民の教化活動から撤退することになりました。これに伴って、【ア】が設立されることになりました。これが國學院大學の設立母体です。同年には、【イ】も設立されます。これが現在の皇學館大学に連なります。

1．ア、神典講究所　イ、皇學館
2．ア、皇典講究所　イ、皇學館
3．ア、神典講究所　イ、神宮館
4．ア、皇典講究所　イ、神宮館

➡『神社のいろは　続』153 ページ「皇典講究所の成立」

正解　2

以下の文章を読んで問 54 と問 55 の設問に答えてください。

　明治期の神社・神道をとりまく制度などの変革は、神宮に関しても無縁なものではありませんでした。御師も廃止され、新たに教化のための機関として【ア】を設置し、全国の伊勢講などの崇敬のための組織を再編成しました。また、神社や神官としては教化活動が困難になったため、「神宮教」が設立され、神宮大麻などの頒布にも携わりました。神宮教は、明治 32 年（1899）には崇敬者組織として財団法人【イ】となりました。大麻の頒布に関しては神宮内に新たに神部署（かんべしょ）という部局が設置され頒布に携わるようになりました。昭和に入ってからは、「全国神職会」への頒布事業の委託も始まりました。

問 54

【ア】に入る言葉として正しいものを選んでください。

1. 伊勢教院　　2. 神宮教院
3. 五十鈴教所　4. 本宗教所

問 55

【イ】に入る言葉として正しいものを選んでください。

1. 神宮奉斎会　2. 本宗奉賛会
3. 神明奉斎会　4. 山田奉斎会

➡ 『神社のいろは　続』155 ページ「神宮奉斎会の成立」

問 54　正解　2　　問 55　正解　1

以下の文章を読んで問 56 と問 57 の設問に答え
てください。

　明治末期には皇室祭祀に関する法的な整備も進め
られました。明治 41 年（1908）には、皇室【ア】
によって、皇室における恒例の【イ】の期日や斎行に
関する基本的な事項が規定されました。明治 42
年には、【ウ】によって、天皇の践祚、即位礼、大嘗
祭の執行に関する基本的事項が定められました。ま
た、同時に公布された【エ】によって、立太子礼に関
する基本的な事項も定められました。

問 56
【ア】【イ】に入る言葉の組み合わせとして正しい
ものを選んでください。

1．ア、儀式令　イ、大祭と中祭
2．ア、儀式令　イ、大祭と小祭
3．ア、祭祀令　イ、大祭と中祭
4．ア、祭祀令　イ、大祭と小祭

問57

【ウ】【エ】に入る言葉の組み合わせとして正しい
ものを選んでください。

1．ウ、践祚令　エ、立儲令
2．ウ、登極令　エ、立儲令
3．ウ、践祚令　エ、太子令
4．ウ、登極令　エ、太子令

➡『神社のいろは　続』157ページ「皇室祭祀と神
社祭祀の整備」

問56　正解　4　　問57　正解　2

問58

大正9年(1920)、全国民の積極的な奉賛活
動により創建された神社とはどれでしょうか。

1．平安神宮　　　2．橿原神宮
3．北海道神宮　　4．明治神宮

➡『神社のいろは　続』157ページ「皇室祭祀と神
社祭祀の整備」

正解　4

問 59

以下の文章を読んで空欄【 】に入る言葉として
正しいものを選んでください。

　昭和 14 年(1939)、全国の招魂社は【 】
と改称され、主要な【 】は府県社と同等の社格
として扱われるようになりました。

1．建国神社　　2．忠魂神社
3．鎮魂神社　　4．護国神社

➡『神社のいろは　続』158 ページ「神祇院の設立
と護国神社」

正解　4

問 60

香椎宮について書かれた以下の文章を読んで空
欄【 】に入る言葉として正しいものを選んでく
ださい。

　天平9年(737) 4月からは、日本からの新
羅への遣大使に対する「新羅の無礼」が、3度に
わたって香椎廟へ報告され奉幣がなされていま
す。朝廷からの崇敬は篤く、平安以降、伊勢の
神宮、気比(けひ)神宮(福井県)、石清水八幡宮
とともに「本朝四所(ししょ)」の一つとされ、九
州では【 】に準じ、即位および国家の大事に際
し奉幣使が派遣されました。

1. 宇佐神宮	2. 宮崎神宮
3. 霧島神宮	4. 鹿児島神宮

➡『神社のいろは　続』174 ページ「香椎宮について教えてください」。参考：『神話のおへそ『日本書紀』編』213 ページ「「神武東征」の道を行く」、公式テキスト②『神話のおへそ』191 ページ「鸕鷀草葺不合命の誕生」、224 ページ「日向・高千穂」

正解　1

問61

ご祭神は須佐之男命と稲田姫命、大己貴命で、武蔵国一宮でした。明治天皇は当社を武蔵国の鎮守社、勅祭社と定め、明治元年に行幸され、お祭りを斎行されました。この神社とは以下のうちどれでしょうか。

1. 秩父神社	2. 日枝神社
3. 神田神社	4. 氷川神社

➡『神社のいろは　続』194 ページ「氷川神社について教えてください」、196 ページ「秩父神社について教えてください」、129 ページ「庶民と神社、祭礼」

正解　4

問 62 から問 92 までは『日本書紀』に関する問題です。

問62

以下の文章を読んで【ア】【イ】に入る言葉の組み合わせとして正しいものを選んでください。

『続日本紀』の養老4年(【ア】)5月21日の記事に、

是(こ)れより先(さき)、一品舎人親王(いっぽんとねりのみこ)、勅(みことのり)を奉じて日本紀を修(あ)む。是(ここ)に至り功(こう)成りて奏上す。紀三十巻、【イ】一巻。

とあるように、ここに『日本書紀』は完成し、元正天皇に呈上されたのでした。

1．ア、720　イ、系図
2．ア、712　イ、系図
3．ア、720　イ、図譜
4．ア、712　イ、図譜

➡ 『神話のおへそ 『日本書紀』編』26 ページ「国家事業として公式に編纂された歴史書」

正解　1

問 63

以下の文章を読んで【ア】【イ】に入る言葉の組み合わせとして正しいものを選んでください。

『日本書紀』の巻一は神代上、巻二は神代下にあてられていて、通常この両巻を「神代巻（じんだいかん、かみよのまき、かみのよのまき）」と呼んでいます。この部分は全部で十一段に分かれていますが、一〜三段を一つにまとめ、計九章とし、それぞれに名称を付けることが長く行われてきました。この考え方は、一条兼良『日本書紀纂疏』など中世の注釈書から始まり、江戸時代の【ア】の『日本書紀伝』などによって定着し、明治以降も【イ】の『日本書紀通釈』や『国史大系』本でも採用されています。

1．ア、鈴木重胤　イ、飯田武郷
2．ア、飯田武郷　イ、鈴木重胤
3．ア、鈴木重胤　イ、矢野玄道
4．ア、矢野玄道　イ、飯田武郷

➡『神話のおへそ『日本書紀』編』40 ページ「神道古典としての『日本書紀』」

正解　1

問 64

「神世七代章」の一書の内容について書かれた以下の文章を読んで【ア】【イ】に入る言葉の組み合わせとして正しいものを選んでください。

『古事記』は、「天地の初発の時、【ア】に成りませる神の名は…」と書き始められていて、すでに「【ア】」という世界が存在していて、そこに最初の神・天之御中主神、次いで高御産巣日神、神御産巣日神、いわゆる「造化三神」が現れたと書かれています。つまり、『日本書紀』と『古事記』では最初の神が違っているわけです。『古事記』では、最初から数えて六番目の神として「国之常立神」が現れています。なお、『古事記』の造化三神はこの段の第四の一書に【ア】に現れた神々として記されています。ただし『日本書紀』での表記は「天御中主【イ】」「高皇産霊【イ】」「神皇産霊【イ】」となっています。

1．ア、国土　　イ、尊
2．ア、国土　　イ、命
3．ア、高天原　イ、尊
4．ア、高天原　イ、命

➡ 『神話のおへそ 『日本書紀』編』47 ページ「葦の生命力と「高天原」」

正解　3

「四神出生章」の一書の内容について書かれた以下の文章を読んで問65と問66の設問に答えてください。

　第六の一書は、『古事記』とよく似た内容となっています。冒頭では、風の神・【ア】や、食物の神・倉稲魂神（うかのみたまのかみ）の誕生が記されています。最後に火の神・軻遇突智を生んで伊弉冉尊は亡くなり、伊弉諾尊は、火の神を斬り殺してしまいます。このときにも多くの神々が生まれます。伊弉諾尊は黄泉国を訪問し、地上へと戻って筑紫で【イ】をします。そこで枉津日神や【ウ】、「住吉三神」と「少童三神」が生まれ、最後に天照大神・月読尊・素戔嗚尊が誕生するというところも、ほぼ『古事記』と一致しています。

問65
【ア】に入る言葉として正しいものを選んでください。

1．級長戸辺命（しなとべのみこと）
2．甕速日神（みかのはやひのかみ）
3．句句廼馳（くくのち）
4．啼沢女命（なきさわめのみこと）

問 66

【イ】【ウ】に入る言葉の組み合わせとして最も
ふさわしいものを選んでください。

1．イ、潔斎　ウ、直日神
2．イ、潔斎　ウ、祓戸神(はらえどのかみ)
3．イ、禊祓　ウ、直日神
4．イ、禊祓　ウ、祓戸神

❖　解　説　❖

問 66 の「祓戸神」の祓戸とは、祓を行う場所の
ことで、そこで行われる祓をつかさどるのが祓戸
神です。大祓詞に記されている瀬織津比売(せお
りつひめ)、速開都(はやあきつ)比売、気吹戸主(い
ぶきどぬし)、速佐須良(はやさすら)比売の四神
のことをいいます(公式テキスト⑥『日本の祭り』
114 ページ「大祓詞」参照)。

➡『神話のおへそ『日本書紀』編』75 ページ「五
穀と養蚕の起源」、84 ページ「【第六】」

問 65　正解　1　　問 66　正解　3

問 67

「宝鏡開始章」の本文の内容とそれに関連して
書かれた以下の文章を読んで【ア】【イ】に入る
言葉の組み合わせとして最もふさわしいもの
を選んでください。

「その後、素戔嗚尊がなさった事は手がつけられないほどひどいものでした。天斑駒（あめのぶちこま）を田の中に放って田を荒らしたり、天照大神が【ア】の祭りをされようとするのを見て、その宮殿に密かに大便をされたりしました。

天照大神が【イ】いるのを見て、天斑駒の皮を剥（さかはぎには）いで、御殿の屋根に穴を開けて投げ入れられました。天照大神は驚かれ、梭（ひ）で御体を傷つけられました。これによってお怒りになり、天石窟に入って磐戸を閉じて籠ってしまわれました」

神々の中で至貴とされる天照大神も、神を祭る存在であり、天上世界における神祭りは、そのまま地上へもたらされ、天皇による宮中の祭りへとつながっていきます。その祭りの起源は、この天照大神の祭りにあると、我々の先祖は伝えてきたわけです。

1．ア、月次　イ、神衣（かむみそ）を織られて
2．ア、月次　イ、神酒（みき）を噛まれて
3．ア、新嘗　イ、神衣を織られて
4．ア、新嘗　イ、神酒を噛まれて

➡『神話のおへそ『日本書紀』編』101 ページ「第七段　本文」、107 ページ「さまざまな祭祀の起源」

正解　3

問68

「宝鏡開始章」の一書の内容について書かれた以下の文章を読んで空欄【 】に入る言葉として正しいものを選んでください。

「天下は常に暗闇となり、昼夜の区別もつかなくなりました。そこで、八十万の神たちは天高市（あめのたけち）に集まって相談されました。高皇産霊の御子に思兼神という神がおられ、思慮深く知恵豊かでした。その神が思案して、『天照大神の御姿をかたどったものを作って、大神をお招きしましょう』と申されました。そこで、石凝姥（いしこりどめ）を鍛冶とし、天香山の金を採って日矛（ひほこ）を作らせました」

　この一書では、これが【 】のご神体であると書かれています。

1．石上神宮
2．石上布都魂神社
3．伊太祁曽神社
4．日前神宮・國懸神宮

➡『神話のおへそ『日本書紀』編』102 ページ「【一書（第一）】」、107 ページ「さまざまな祭祀の起源」、122 ページ「草薙剣」

正解　4

同じく「宝剣出現章」の一書の内容について書かれた以下の文章を読んで問69から問71までの設問に答えてください。

　少彦名命が去られた後は、国の中のまだでき上がっていない所を、大己貴神お独りで巡り造られました。最後に、【ア】に着かれ、「今この国を治めているのは私だけである。私と共に天下を治めるべき者はいるだろうか」とおっしゃられました。すると、不思議な光が海を照らし、たちまちに浮かんで来るものがあり、「もし、私がいなければ、おまえはどうしてこの国を平定することができただろうか。　私がいたからこそ、おまえはその大きな功績を立てることができたのだ」と言いました。大己貴神が「では、あなたはどなたですか」とお尋ねになると、「私はおまえの【イ】【ウ】である」と答えました。「今からどこに住むおつもりですか」とお尋ねになると、「私は三諸山に住もうと思う」と答えられました。そこで、宮をその地に造り、そこに住まわせられました。これが大三輪の神です。この神の御子が、甘茂君等（かものきみたち）や大三輪君等で、また、姫蹈韛（ひめたたら）五十鈴姫命です。または、事代主神が八尋熊鰐（わに）に化して、三嶋溝橛（みぞくい）姫の元へ通って、この姫を生まれたともいいます。この姫が【エ】のお后です。

問 69

【ア】に入る言葉として正しいものを選んでください。

1. 大和国　　2. 日向国
3. 淡路国　　4. 出雲国

問 70

【イ】【ウ】に入る言葉の組み合わせとして正しいものを選んでください。

1. イ. 和魂　ウ、荒魂
2. イ、和魂　ウ、奇魂
3. イ、幸魂　ウ、荒魂
4. イ、幸魂　ウ、奇魂

問 71

【エ】に入る言葉として正しいものを選んでください。

1. 神日本磐余彦火火出見天皇 (神武天皇)

2. 神渟名川耳天皇 (綏靖天皇)

3. 御間城入彦五十瓊殖天皇 (崇神天皇)

4. 活目入彦五十狭茅天皇 (垂仁天皇)

➡『神話のおへそ『日本書紀』編』119 ページ「【一書 (第六)】」、209 ページ「「秋津洲」「浦安の国」「虚空見つ日本の国」」、28 ページ「全三十巻の構成」

問 69　正解　4

問 70　正解　4

問 71　正解　1

問72

「天孫降臨章」の本文に関する問題です。以下の文章を読んで空欄【　】に入る言葉として正しいものを選んでください。

　その後、遣わされた神が経津主神と武甕槌神でした。二神は厳しく大己貴神に国譲りを迫り、大己貴神は、子の事代主神に意見を求めます。事代主神は即座に恭順の態度を示し、それを聞いた大己貴神も国譲りを決意しました。事代主神を祭る【　】（島根県松江市）には、このとき、事代主神を呼びにいった故事に基づくともいわれる「諸手船（もろたぶね）神事」と、事代主神が身を隠した故事に由来するとも伝えられる「青柴垣（あおふしがき）神事」が行われています。

1．八重垣神社
2．美保神社
3．熊野大社
4．日御碕（ひのみさき）神社

➡『神話のおへそ『日本書紀』編』157ページ「天皇即位の大嘗祭と「真床追衾」」、140ページ「第九段　本文」。参考：『神話のおへそ』108ページ「出雲Ⅰ」、117ページ「出雲Ⅱ」、128ページ「出雲Ⅲ」
正解　2

問73

「天孫降臨章」の内容について書かれた以下の文章を読んで空欄【 】に入る言葉として正しいものを選んでください。

　本文では、天孫降臨の様子は簡略に述べられるだけですが、一書にはこの間の詳しい経緯が語られています。本文では、天孫降臨の事業を推進するのは、【 】でしたが、この第一の一書では天照大神が前面に出ています。

1．高皇産霊尊　　2．神皇産霊尊
3．国常立尊　　　4．天常立尊

➡『神話のおへそ『日本書紀』編』159 ページ「天壌無窮の神勅」、51 ページ「『日本書紀』の神系譜 第一・二・三段の本文」「『日本書紀』の神系譜 第一段の一書」、52 ページ「『日本書紀』の神系譜 第二段の一書」

正解　1

「天孫降臨章」に関する問題です。以下の文章を読んで問74から問76までの設問に答えてください。

　日向の地へ降臨した瓊瓊杵尊は笠狭碕（かささのみさき）に居所を定め、そこで【ア】の娘・鹿葦津姫（かしつひめ）を娶ります。姫は一夜にして孕んだため、瓊瓊杵尊は、自分の子ではないのではないかと疑います。姫は潔白を示すため、火の中で出産します。本文の最後では、瓊瓊杵尊が亡くなったことが記され、山陵の名前も示されています。この後の【イ】（高屋／たかや山陵）、【ウ】（吾平／あいら山陵）も同様で、この三代の山陵は「【エ】三山陵」と呼ばれます。『延喜式』の「諸陵寮」にもこの山陵が記されていて、古くから朝廷の祭祀の対象でした。現在でも宮内庁によって管理されていて、天皇即位のときなどには奉告の儀式もあります。

問74
【ア】に入る言葉として正しいものを選んでください。

1．大綿津見神（おおわたつみのかみ）
2．和久産巣日神（わくむすひのかみ）
3．大山祇神（おおやまつみのかみ）
4．志那都比古神（しなつひこのかみ）

問 75

【イ】【ウ】に入る言葉の組み合わせとして正しいものを選んでください。

1. イ、彦火々出見（ひこほほでみの）尊
   ウ、鸕鶿草葺不合（うがやふきあえずの）尊
2. イ、鸕鶿草葺不合尊
   ウ、彦火々出見尊
3. イ、火闌降（ほのすそりの）命
   ウ、神日本磐余彦（かむやまといわれびこの）尊
4. イ、神日本磐余彦尊
   ウ、火闌降命

問 76

【エ】に入る言葉として正しいものを選んでください。

1. 神代　　　2. 大隅
3. 高千穂　　4. 天上

➡『神話のおへそ『日本書紀』編』157 ページ「天皇即位の大嘗祭と「真床追衾」」、140 ページ「第九段　本文」、201 ページ「第十一段　本文」、78 ページ「『古事記』での展開①」

問74　正解　3

問75　正解　1

問76　正解　1

問77

「海宮遊幸章」の一書の内容の一部が書かれた以下の文章を読んで【ア】【イ】に入る言葉の組み合わせとして正しいものを選んでください。

天孫は、最初の床で両足を拭き、真ん中の床で両手を押さえ、内側の床の【ア】の上に胡坐(あぐら)をかいて座られました。海神はこの様子を見て、天つ神の【イ】であることを知り、ますます畏敬の念を強めました。

1．ア、真床覆衣(まとこおうころも)
　　イ、御孫(みま)
2．ア、真床覆絹
　　イ、御裔(みえ)
3．ア、真床覆衾(ふすま)
　　イ、御孫
4．ア、真床覆衾
　　イ、御裔

➡『神話のおへそ『日本書紀』編』192ページ「【一書（第四）】」、157ページ「天皇即位の大嘗祭と「真床追衾」」

正解　3

神武天皇紀の内容について書かれた以下の文章を読んで問78と問79の設問に答えてください。

　31年の記事には、神武天皇が大和を巡幸した様子が描かれています。その時、国の姿を見て、「トンボが臀呫（となめ／交尾）しながら飛んでいるようだ」と言ったので、「【ア】洲（しま）」の名が起こったことが見え、これに関連して我が国の別名が列挙されています。「【イ】の国」・「細戈（くわしほこ）の千足（ちだ）る国」（よい武器がたくさんそろっている国）・「磯輪上（しわかみ）の秀真国（ほつまくに）」（磯輪上は未詳で、秀真国は、すぐれて整い具わっている国）は伊弉諾尊の命名、「玉牆（たまがき）の内つ国」（美しい垣のような山々に囲まれた国）は大己貴神の命名、「虚空（そら）見つ日本（やまと）の国」（空から見て良い国だと選ばれたヤマトの国）は、天磐船（あめのいわふね）に乗って大空をめぐったという饒速日（にぎはやひの）命の命名であると記されています。

問78

【ア】【イ】に入る言葉の組み合わせとして正しいものを選んでください。

1．ア、秋津　　　　イ、五十鈴
2．ア、秋津　　　　イ、浦安
3．ア、八十(やそ)　イ、五十鈴
4．ア、八十　　　　イ、浦安

問79

下線部の「<u>饒速日命</u>」はどの氏族の祖先でしょうか。

1．大伴氏　　　2．佐伯氏
3．久米氏　　　4．物部氏

➡『神話のおへそ『日本書紀』編』209ページ「「秋津洲」「浦安の国」「虚空見つ日本の国」」、207ページ「日神の子孫として」、219ページ「霊剣・韴霊」

問78　正解　2　　問79　正解　4

問80

同じく神武天皇紀に関する問題です。以下の文章の空欄【 】に入る言葉として正しいものを選んでください。

　天香久山に実際に登ってみると湿り気のある赤土が目に付く。麓の北には天香山神社、南には天岩戸神社があり、頂上には国常立神社が鎮座している。また、その天香久山からそれぞれ南に車で1時間ほどの山深い地に【 】神社はある。神武天皇が天香山の埴（はにつち）によって造られた平瓮（ひらか）で神祭りをしたとされる場所でもある。

1．丹生川上神社　　　2．葛城一言主神社
3．狭野（さの）神社　4．等彌（とみ）神社

➡ 『神話のおへそ『日本書紀』編』227ページ「天香久山と丹生川上神社」、207ページ「日神の子孫として」、209ページ「「秋津洲」「浦安の国」「虚空見つ日本の国」」、213ページ「「神武東征」の道を行く」、254ページ「雄略天皇紀」

正解　1

以下の文章を読んで問 81 から問 83 までの設問に答えてください。

　疫病がやまなかったので、天皇は神々を集めて占いをしたところ、倭迹迹日百襲姫命（やまとととびももそひめのみこと／第 7 代・孝霊天皇の皇女）に三輪山の大物主神が憑（かか）り、私を祭れば世は平安となるであろうと告げました。そこで、大物主神を祭りますが、それでも状況は芳しくありません。

　するとまた、天皇の夢に大物主神が現れ、我が子・【ア】に私を祭らせれば、国は治まり、海外の国も帰服するであろうとの託宣があり、さらに、倭迹速神浅茅原目妙姫（やまととはやかむあさじはらまくわしひめ／倭迹迹日百襲姫の別名とされる）ら 3 人にも、大物主神を【ア】に、倭大国魂神を市磯長尾市（いちしのながおち）に祭らせれば、天下は太平になるとの夢告もありました。自分の夢との符合を喜んだ天皇は、【ア】を探し出させ、その出自を尋ねると、大物主神と【イ】との間に生まれた子であることがわかりました。

　そうして、【ア】を大物主神を祭る主（かむぬし）とし、長尾市を倭大国魂神を祭る主としました。また、あわせて八十万（やそよろず）の群神（もろかみ）を祭り、天社（あまつやしろ）・国社（くにつやしろ）および神地（かむどころ）・神戸（かんべ）も定めると、疫病は止み、国も静謐となったのでした。

問 81

この記事内容はどなたの天皇の御代の記事に書かれているでしょうか。

1. 崇神天皇　　2. 垂仁天皇
3. 景行天皇　　4. 仲哀天皇

問 82

【ア】【イ】に入る言葉の組み合わせとして正しいものを選んでください。

1. ア、出雲振根　　イ、活玉依媛
2. ア、出雲振根　　イ、気長足姫尊
3. ア、大田田根子　イ、活玉依媛
4. ア、大田田根子　イ、気長足姫尊

問 83

下線部の「長尾市を倭大国魂神を祭る主としました」として創祀された神社とは何でしょうか。

1. 天河大辨財天社　　2. 大和神社
3. 高鴨神社　　　　　4. 敷島神社

❖ 解 説 ❖

　問 83 の天河大辨財天社は市杵島姫命（いちきし
まひめのみこと）などをお祭りし奈良県吉野郡天
川村に鎮座する神社です。高鴨神社は阿遅志貴高
日子根命（あじしきたかひこねのみこと）などをお
祭りし奈良県御所市に鎮座する神社です（『神話の
おへそ』252 ページ「飛鳥・葛城」参照）。また、敷
島神社は埼玉県志木市や徳島県吉野川市、長崎県
対馬市などに鎮座する神社です。

➡『神話のおへそ『日本書紀』編』236 ページ「大
神神社と大和神社」、239 ページ「ハツクニシラス
スメラミコト」、246 ページ「仲哀天皇・神功皇后紀」

問 81　正解　1
問 82　正解　3
問 83　正解　2

以下の文章を読んで問 84 から問 86 までの設問
に答えてください。

　【ア】に替わって【イ】が天照大神を祭ることにな
りました。【イ】は、大神が鎮座すべき地を求めて、
菟田（うだ）の篠幡（ささはた。奈良県宇陀市）に至
り、そこから近江・美濃を経て伊勢に入りました。
すると大神は、「【ウ】の伊勢国は、常世の浪の重浪
（しきなみ）帰（よ）する国なり。傍国（かたくに）の
可怜（うま）し国なり。是（こ）の国に居（お）らむと
欲（おも）ふ」と託宣したので、祠（やしろ）を建て、

五十鈴の川上に斎宮(いわいのみや)を設け、【エ】と名付けました。これが天照大神が初めて天降られた処(ところ)です」

　伊勢の神宮では、この記事に基づいて、26年9月を内宮鎮座の時としています。

問84
この記事内容はどなたの天皇の御代の記事に書かれているでしょうか。

1．崇神天皇　　2．垂仁天皇
3．景行天皇　　4．仲哀天皇

問85
【ア】【イ】に入る言葉の組み合わせとして正しいものを選んでください。

1．ア、豊耜入姫命　　イ、倭姫命
2．ア、倭姫命　　　　イ、豊耜入姫命
3．ア、渟名城入姫命　イ、豊耜入姫命
4．ア、豊耜入姫命　　イ、渟名城入姫命

問 86

【ウ】【エ】に入る言葉の組み合わせとして正しいものを選んでください。

1．ウ、神風　　エ、渡遇宮（わたらいのみや）
2．ウ、飛ぶ鳥　エ、渡遇宮
3．ウ、神風　　エ、磯宮（いそのみや）
4．ウ、飛ぶ鳥　エ、磯宮

➡『神話のおへそ『日本書紀』編』241 ページ「神宮の創始」、235 ページ「崇神天皇紀」

問 84　正解　2
問 85　正解　1
問 86　正解　3

問 87

以下の履中天皇紀の内容に関連して書かれた
文章を読んで空欄【 】に入る言葉として正し
いものを選んでください。

　天皇が【 】へ行幸したとき、家来の入れ墨
が未完だったので、「血の臭きに堪へず」とい
う伊弉諾尊のお告げがあったことが記されて
いて、【 】は伊弉諾尊が鎮まっているところ
であるとの信仰は、早くから定着していたこ
とがうかがえます。

1．近江　　2．土佐
3．淡路　　4．出雲

➡『神話のおへそ『日本書紀』編』93ページ「伊
弉諾神宮と多賀大社、日之少宮」、252ページ「履
中天皇、反正天皇、允恭天皇、安康天皇紀」

正解　3

問 88

雄略天皇紀の内容の一部が書かれた以下の文章を読んで空欄【 】に入る言葉として正しいものを選んでください。

　丹波国(たにはのくに)の管川(つつかわ。京都府与謝郡伊根町／よさぐんいねちょう)の人・【 】が、舟で釣りをしていて、捕まえた大亀が女性の姿になりました。これを妻にした【 】は、海に入って蓬莱山(とこよのくに)を巡ってきたことが記されています。同じような話が「丹後国風土記」(逸文)や、『万葉集』(巻九・一七四〇)の高橋虫麻呂(むしまろ)の長歌にもあります。『日本書紀』には、ここに「語(こと)は、別巻(ことまき)に在り」と注がありますが、残念ながら伝わっていません。

1．少子部蜾蠃(ちいさこべのすがる)
2．衣通郎姫(そとおしのいらつめ)
3．田道間守(たじまもり)
4．浦嶋子(うらしまのこ)

➡『神話のおへそ『日本書紀』編』255 ページ「浦嶋子」、252 ページ「履中天皇、反正天皇、允恭天皇、安康天皇紀」、241 ページ「神宮の創始」

正解　4

以下の文章を読んで問89から問92までの設問に答えてください。

『日本書紀』は、早い時期から朝廷で内容についての講義が行われています。【ア】によると、『日本書紀』完成の翌年に講義が開かれたとされています。これらの宮中行事としての講義は【イ】と呼ばれています。

これらの講義ノートは【ウ】として遺されており、講義の内容は主に訓読の研究だったようです。その成果は古訓（こくん）として伝わっていて重要な資料となっています。

この講義が終わると、終講を祝う宴が開かれ、歌人に和歌の詠進が命じられました。これを「竟宴和歌」と呼んでいて、『日本書紀』のうちの神や人物を題材とした歌が詠まれています。延喜6年の和歌のうちに、時の左大臣・藤原時平が「大鷦鷯天皇」（【エ】）と題して詠んだ、

　　　高殿（たかどの）に　のぼりてみれば　あめの
　　　した　四方（よも）にけぶりて　今ぞ富みぬる

という歌が伝わっています。これは、巻十一で【エ】が3年間租税を止めたため、民が豊かになって、かまどの火が盛んに立ち上ったという話を詠んだ歌で、【エ】が作ったとして『新古今和歌集』や『水鏡』に載せられている有名な歌のもとになったといわれています。

問89

【ア】に入る言葉として正しいものを選んでください。

1．釈日本紀　　2．日本紀解
3．日本後紀　　4．続日本後紀

問90

【イ】に入る言葉として正しいものを選んでください。

1．日本紀講筵　　　2．日本紀講演
3．日本紀定（さだめ）　4．日本紀校

問91

【ウ】に入る言葉として正しいものを選んでください。

1．注記　　2．古記
3．私記　　4．訓記

問 92
【エ】に入る言葉として正しいものを選んでく
ださい。

1．応神天皇　　2．仁徳天皇
3．皇極天皇　　4．孝徳天皇

➡『神話のおへそ『日本書紀』編』270 ページ「一、
古代」

問 89　正解　1
問 90　正解　1
問 91　正解　3
問 92　正解　2

以下の文章を読んで問 93 と問 94 の設問に答え
てください。

　現在の地に春日大社が創建されたのは神護景雲
（じんごけいうん）2 年（768）。御蓋山（みかさや
ま）中腹に四棟のご本殿が建てられ、四柱の神が
祀られた。この四殿並び建つご本殿は「大宮」とも
称される。その【ア】である「若宮」の創祀は、長保

（ちょうほう）5年（1003）のこと。当初は大宮の敷地内に祀られていたが、その後、大宮よりさらに山深く分け入った現在地に遷座した。

　春日大社では【イ】に一度、ご社殿を建て替える式年造替が続けられてきた。明治期以降は、大宮のご本殿が国宝に、若宮のご本殿が重要文化財に指定され、保存修理をもって造替としている。

問93
【ア】に入る言葉として正しいものを選んでください。

1．姫神　　2．御子神
3．荒魂　　4．地主神

問94
【イ】に入る言葉として正しいものを選んでください。

1．10年　　2．12年
3．20年　　4．21年

➡『皇室』93号99ページ「春日若宮式年造替木作始式」の100ページ

問93　正解　2　　　問94　正解　3

問95

同じく春日大社の若宮に関する問題です。以下の文章を読んで【ア】【イ】に入る言葉の組み合わせとして正しいものを選んでください。

保延（ほうえん）2年（1136）には、時の関白・藤原忠通により若宮の祭礼が行われた。御蓋山の麓の春日野に御旅所をしつらえて若宮の御神霊をお迎えし、田楽、猿楽（能）、流鏑馬など種々の芸能が披露された。その霊験はあらたかで、水害は治まり、晴天が続いた。以後、祭礼はますます盛大となり、五穀豊穣・万民安楽を祈る大和一国を挙げての「春日若宮【ア】」として名を馳せていった。

春日社は藤原氏の氏神であり、隣接する藤原氏の氏寺である【イ】との関係が深く、神仏習合の時代には春日【イ】として一体性をもっていた。その権勢は絶大で、中世には大和国全域が春日社の神領とされ、【イ】が神領を治めた。当時の若宮祭礼の施主となったのは【イ】の僧侶たちであった。

1．ア、おん祭り　　イ、四天王寺
2．ア、おん祭り　　イ、興福寺
3．ア、うずめ祭り　イ、四天王寺
4．ア、うずめ祭り　イ、興福寺

➡ 『皇室』91号101ページ「春日若宮式年造替外遷宮」の「若宮の創祀とご神徳」

正解　2

皇室祭祀に関する以下の文章を読んで問96と問97の設問に答えてください。

　令和4年1月2日、第43代・元明天皇の崩御から1300年にあたり、【ア】で「式年祭」が執り行われた。

　元明天皇は、斉明天皇7年（661）に第38代・天智天皇の第4皇女としてご誕生。景雲（けいうん）4年（707）に即位され、霊亀（れいき）元年（715）にご譲位、養老5年（721）に61歳で崩御された。【イ】の完成が見られたのが元明天皇の御代（みよ）であり、【ウ】の編纂も命じられている。天皇・皇后両陛下、秋篠宮皇嗣・同妃両殿下は祭儀を前にして、そのご事蹟についてのご進講を受けられた。

問96
【ア】に入る言葉として正しいものを選んでください。

1．宮中三殿　　　　2．陵所
3．宮中三殿と陵所　　4．皇霊殿と陵所

問97
【イ】【ウ】に入る言葉の組み合わせとして正しいものを選んでください。

1．イ、古事記　　ウ、風土記
2．イ、古事記　　ウ、続日本紀
3．イ、日本書紀　ウ、風土記
4．イ、日本書紀　ウ、続日本紀

➡『皇室』94号98ページ「年末年始の皇室祭祀」の99ページ「元明天皇千三百年式年祭」

問96　正解　4　　問97　正解　1

引き続き皇室祭祀についての問題です。以下の文章を読んで問98から問100の設問に答えてください。

1月3日に執り行われたのが【ア】である。これは、年始にあたって皇位の大本（おおもと）と由来とを祝し、国家国民の繁栄を祈られる祭典だ。

午前10時、黄櫨染御袍（こうろぜんのごほう）を着けた天皇陛下は賢所・内陣の御座（ぎょざ）に進まれてご拝礼、【イ】を奏上後、お鈴の儀の間、平伏された。これは、鈴を鳴らし大御神（おおみかみ）をより一層畏（かしこ）んで感謝をし、恩恵をいただくことを願う祭儀である。続いて、皇霊殿、神殿で拝礼し、【イ】を奏上された。

陛下が退出されると、黄丹袍（おうにのほう）姿の秋篠宮殿下がお出ましになり、三殿で拝礼された。なお、この【ア】には成人された敬宮殿下が初めて恒例の皇室祭祀にご参列。佳子内親王殿下、彬子女王殿下、瑶子女王殿下、高円宮妃殿下、承子女王殿下はじめ宮内庁長官以下職員なども参列した。

4日には【ウ】が行われた。これは、年始にあたり、掌典長が陛下に伊勢の神宮のことを奏し、続いて皇室祭祀に関して申し上げる儀式である。内容に変遷はあるものの平安時代以来の歴史を持つ。

モーニングコートを着用された天皇陛下は、宮殿の「鳳凰の間」にお出ましになり、同じくモーニング姿の掌典長から奏上を受けられた。

問 98
【ア】に入る言葉として正しいものを選んでください。

1. 神事始　　2. 歳旦祭
3. 元始祭　　4. 奏事始

問 99
【イ】に入る言葉として最もふさわしいものを選んでください。

1. 御祭文　　　2. 祝詞
3. おことば　　4. 御告文

問 100
【ウ】に入る言葉として正しいものを選んでください。

1. 神事始　　2. 歳旦祭
3. 元始祭　　4. 奏事始

➡『皇室』94 号 98 ページ「年末年始の皇室祭祀」
の 100 ページ「元始祭と奏事始」

問 98　　正解　3
問 99　　正解　4
問 100　正解　4

第 10 回
神社検定
問題と解説

壱級

指定テキストから総合的に出題 全 100 問

令和 4 年 6 月 26 日に行われた

「第 10 回 神社検定」の 1 級試験は、

公式テキスト⑦『神社のいろは要語集 祭祀編』から 50 問、

公式テキスト⑨『神話のおへそ『古語拾遺』編』から 31 問、

公式テキスト②『神話のおへそ』から 11 問、

季刊誌『皇室』令和 3 年夏・91 号から 2 問、

季刊誌『皇室』令和 4 年冬・93 号から 1 問、

季刊誌『皇室』令和 4 年春・94 号から 5 問

が出題されました。

（問題の中には出典が重複するものもあります）

※解説に示しているのは、公式テキストに掲載されている
　関連項目のページ数です。

『延喜式』における社格制度について書かれた以下の文章を読んで問1から問4までの設問に答えてください。

　班幣にあたり大社には幣帛を【ア】に置き、小社には幣帛を【イ】に置いた。五畿内では、大社・小社ともに官幣を奉り、官幣小社には、祈年の幣帛に【ウ】・【エ】またはそのいずれか一つを加えて奉った。なお、「四時祭」に「前」というものが見える。これは、主神に対し【オ】にいます神のこととされている。

　『延喜式』に記載された官社は延喜式内社と呼ばれた。これに対して、祈請・奉幣・寄進・授位などによって六国史に見えながら、式に記載されていない社を【カ】と呼ぶ。

問1
【ア】【イ】に入る言葉の組み合わせとして正しいものを選んでください。

1．ア、案下　イ、案上
2．ア、案上　イ、案下
3．ア、庭下　イ、庭上
4．ア、庭上　イ、庭下

問2
【ウ】【エ】に入る言葉の組み合わせとして正しい

ものを選んでください。

1. ウ、斧
   エ、鞆(とも/弓を射る際の皮の防具)
2. ウ、鍬　エ、鞆
3. ウ、斧
   エ、靫(ゆぎ/矢を入れて背負う道具)
4. ウ、鍬　エ、靫

問3
【オ】に入る言葉として正しいものを選んでください。

1. 摂社　　2. 末社
3. 相殿　　4. 分社

問4
【カ】に入る言葉として間違っているものを選んでください。

1. 国史見在社　　2. 国史式外社
3. 国史現在社　　4. 国史所載社

➡ 『神社のいろは要語集　祭祀編』41 ページ「社格制度」

問1　正解　2　　　問2　正解　4

問3　正解　3　　　問4　正解　2

以下の文章を読んで問5と問6の設問に答えてください。

「出雲国造神賀詞」には、大穴持命の和魂を大御和（おおみわ）の【　】に、阿遅須伎高孫根命（あじすきたかひこねのみこと）の御魂を葛木の鴨の【　】に、賀夜奈流美命（かやなるみのみこと）の御魂を飛鳥の【　】に鎮め祭ったとあるが、以下がその部分である。

　　乃（すなわ）ち大穴持命の申し給（たま）はく、「皇御孫命（すめみまのみこと）の静まりまさむ大倭国（おおやまとのくに）」と申して、己命（おのれみこと）の和魂を八咫鏡に取り託（つ）けて、倭の大物主櫛䪀玉命（くしみかたまのみこと）と名を称（たた）へて、大御和（おおみわ）の【　】に坐（ま）せ、己命の御子・阿遅須伎高孫根命の御魂を、葛木の鴨の【　】に坐せ、事代主命の御魂を宇奈堤（うなて）に坐せ、賀夜奈流美命の御魂を飛鳥の【　】に坐せて、皇孫命の近き守神（まもりがみ）と貢（たてまつ）り置きて、八百丹杵築宮（やおにきづきのみや）に静まり坐しき。

問5

空欄【 】に入る言葉として正しいものを選んで
ください。

1．磐境　　　2．神籬
3．神奈備　　4．三諸

問6

下線部の「大穴持命の和魂」はどこに鎮座され、
また、「八百丹杵築宮(やおにきづきのみや)」と
はどこの神社を指しているでしょうか。以下の
組み合わせのうち正しいものを選んでください。

1．大和神社と美保神社
2．大和神社と出雲大社
3．大神神社と美保神社
4．大神神社と出雲大社

➡ 『神社のいろは要語集　祭祀編』116ページ「古典
での用例」

問5　正解　3　　　問6　正解　4

心御柱に関する以下の文章を読んで問7から問9までの設問に答えてください。

　神宮の内宮および外宮の御正殿において、御神体（御霊代）が鎮座する【ア】に奉建される神聖な心御柱は、【イ】とも【ウ】【エ】とも称し、御遷宮の度に新たに奉建される神秘的な伝承を有する建築物である。『延喜式祝詞講義』十三の「遷奉大神宮（おおかみのみやをうつしまつる）祝詞」では「神宮にて心御柱は御正躰と共に同等（ひと）しく斎祀（いわい）奉（まつ）る事にて、此上無き神物也」と述べている通り、心御柱の御用材を伐り出す際の【オ】と、その奉建の儀は、遷宮諸祭のなかでも重儀に属する。

問7
【ア】に入る言葉として正しいものを選んでください。

1．御床下北側　　2．御床下中央
3．御床上中央　　4．御床下南側

問8
【イ】【ウ】【エ】に入る言葉として間違っているものを選んでください。

1. 忌柱　　2. 宇豆(うず)柱
3. 天ノ御柱　4. 天ノ御量(みはかり)の柱

問9
【オ】に入る言葉として正しいものを選んでください。

1. 木本祭(このもとさい)
2. 御杣始祭(みそまはじめさい)
3. 立柱祭
4. 杵築祭(こつきさい)

➡『神社のいろは要語集　祭祀編』126 ページ「心御柱」、309 ページ「第 62 回神宮式年遷宮主要諸祭行事一覧」。参考：公式テキスト⑪神社のいろは特別編『伊勢神宮と遷宮の「かたち」』122 ページ「遷宮までの道のり」、202 ページ「第六十二回神宮式年遷宮主要諸祭行事一覧」、224 ページ「出雲大社御本殿の歴史」、公式テキスト④『遷宮のつぼ』243 ページ「出雲大社御本殿の構造」

問7　正解　2
問8　正解　2
問9　正解　1

以下の文章を読んで問 10 と問 11 の設問に答えてください。

　【ア】の行事は京都の祇園祭にもある。祇園祭の山鉾巡行は、【イ】の行事であり神社は直接には関わらない。祇園祭の中心が、山鉾の風流にあるかのように考えるのは本来の意義を忘れたものである。しかも、この【イ】の行事の本質は、初めに行われる【ア】にある。いくつかの鉾が練り歩くことも、【ア】が山鉾巡行の中心であることを示しているもので、鉾は単なる飾りではない。

問 10

【ア】に入る言葉として最もふさわしいものを選んでください。

1．放流　　　2．茅の輪くぐり
3．お焚き上げ　4．しめ切り

問 11

【イ】に入る言葉として正しいものを選んでください。

1．祓　　　2．神賑わい
3．事触れ　4．予祝

➡️『神社のいろは要語集　祭祀編』174 ページ「しめ切りの行事」

問 10　正解　4　　　問 11　正解　1

「斎戒」について書かれた以下の文章を読んで問 12 から問 14 までの設問に答えてください。

「大宝令」によると、散斎の期間中は「諸司（しょし）事（こと）を理（おさ）むること旧（もと）の如くせよ。喪を弔ひ、病を問ひ、宍（しし）を食ふことを得ざれ。亦刑殺を判（ことわ）らざれ、罪人を決罰（けつばつ）せざれ。音楽を作（おこ）さざれ、穢悪（えお）の事に預らざれ。致斎には、唯祭祀の事をのみ行なふことを得。自余（じよ）は悉（ことごとく）に断（や）めよ」というように、「【ア】の禁」を挙げて説明している。

だが、斎戒は非日常的な祭祀を実現する目的を持ちながら、同時に、日常へ復帰することを前提にして成り立つ。聖なる神と交流する条件に到達した人間は、日常へ復帰するための斎戒、つまり【イ】の過程をとる必要があった。「直会」もそれにあたる。

祓は独立した神事であるが、禊は祭祀の条件・要素の一つである。斎戒の方法としての禊は【ウ】によって清浄化されるのに対して、祭祀的非日常世界から歴史的日常世界へ復帰するときには、【エ】を共通

にすることによって可能となる。斎戒にあたって死や出産を忌むのは、その穢れを【エ】が媒介するという観念に基づいている。歌舞と共同の食事は日常への転換である。禊によって分化した反対観念の根元に立ち戻るからである。

問12
【ア】に入る言葉として正しいものを選んでください。

1．七色　　2．六色
3．非常　　4．過剰

問13
【イ】に入る言葉として最もふさわしいものを選んでください。

1．破戒　　2．解斎
3．逃戒　　4．脱斎

問14
【ウ】【エ】に入る言葉の組み合わせとして最もふさわしいものを選んでください。

1．ウ、水　　エ、火
2．ウ、脱衣　エ、場所
3．ウ、水　　エ、場所
4．ウ、脱衣　エ、火

➡『神社のいろは要語集　祭祀編』175ページ「斎戒」

問12　正解　2
問13　正解　2
問14　正解　1

問15
以下の文章を読んで【ア】【イ】【ウ】【エ】に入る言葉の組み合わせとして正しいものを選んでください。

「神祇式」によれば、神祇官から年4回、神祇に対して幣帛を奉り、これを「四度ノ幣」といった。そして、①祈年祭の幣に預かる神は三一三二座(二八六一社)、②【ア】の幣に預かる神は、その三一三二座のうち三〇四座、③【イ】の幣に預かる神は、同じく三一三二座のうち七一座、④【ウ】の幣に預かる神は、同じく三一三二座のうち三〇四座で、【ア】と同じである。【エ】は五七三社ある。宮中、京中、畿内をはじめ東海、東山、北陸、山陰、山陽、南海の各道にわたる多くの神社を数え、交通の便もよくなかった当時に、神宮はもとより、このように多数の神社の祭祀を所管していたのである。

1. ア、月次祭　イ、相嘗祭
   ウ、新嘗祭　エ、官幣社
2. ア、相嘗祭　イ、月次祭
   ウ、新嘗祭　エ、国幣社
3. ア、新嘗祭　イ、月次祭
   ウ、相嘗祭　エ、官幣社
4. ア、月次祭　イ、新嘗祭
   ウ、相嘗祭　エ、国幣社

➡ 『神社のいろは要語集　祭祀編』182ページ「令制と式制」

正解　1

問16
「幣帛」に関する以下の記述のうち間違っている
ものを選んでください。

1. 神祇に奉るものの総称で、「幣物」ともいう。
   「みてぐら」ともいい、その場合は「御幣」「幣」
   とも書く。「ミテグラ」は「御手座」「真手座」
   「満倉」「満座」の意とされる。
2. 祭祀において幣帛は必ず奉られるが、神饌
   は重大な祭祀に際して奉られる。
3. 「神祇令」に規定があり、幣帛・神饌は清浄
   で美しく整っていることが求められた。
4. 「職制律」には、幣帛の内容が大・中・小祀
   において神祇令の規定通りに行われなかっ
   た場合の罰則が、程度に応じて細かく定め
   られていた。

➡『神社のいろは要語集　祭祀編』207ページ「幣
帛」
正解　2

問17

『日本書紀』崇神天皇8年の条と『古事記』の神功皇后の「酒楽(さかくら)の歌」の段には、古代における酒に関する伝承が書かれています。その記事を読んで、そこから浮かび上がることについて間違っているものを選んでください。

　　冬十二月(しわす)の丙申(ひのえさる)の朔乙卯(きのとうのひ)に、天皇、大田田根子を以て大神を祭らしむ。是の日に、活日(いくひ)自ら神酒を挙(ささ)げて天皇に献(たてまつ)る。仍(よ)りて歌(うたよみ)して日はく、

　　　　此の御酒(みき)は　我が御酒ならず
　　　　倭(やまと)成(な)す　大物主の　醸(か)みし御酒　幾久(いくひさ)　幾久
　　　　(『日本書紀』)

　　其の御祖息長帯日売命(みおやおきながたらしひめのみこと)、待酒(まちざけ)を醸みて献(たてまつ)らしき。爾(ここ)に其の御祖、御歌日(よ)みしたまひく、

　　　　この御酒は　我が御酒ならず　酒(くし)の司(かみ)　常世に坐す　石(いわ)立たす　少名御神の　神寿(かむほ)き　寿(ほ)き狂(くる)ほし　豊寿(とよほ)き　寿き廻(もと)ほし　献(まつ)り来(こ)し御酒ぞ　乾(あ)さず

食(お)せ　ささ

とうたひたまひき。かく歌ひて大御酒を献
りたまひき。爾(ここ)に竹内宿禰命、御子
(みこ)の為に答へて歌曰(うた)ひけらく、

この御酒を　醸みけむ人は　その鼓(つ
づみ)　臼に立てて　歌ひつつ　醸み
けれかも　舞ひつつ　醸みけれかも
この御酒の御酒の　あやにうた楽し
ささ(『古事記』)

1. 大神神社と松尾大社の酒に関する伝承が書か
   れている。
2. 酒は本来、大物主・少名御神が造られた、
   いわば「神醸の酒」であり、人間が造ったも
   のではないことを語っている。
3. 神功皇后が献じた「待酒」は、神意をうかが
   うための酒であり、そのために「酒ほがい」
   が必要だったことが描かれている。
4. 良い兆としての酒を得るためには、呪術的
   所作としての歌舞が必要であったことが描
   かれている。

❖　解　説　❖

ここでは大神神社の酒に関する伝承が書かれてい
ます。

➡ 『神社のいろは要語集　祭祀編』216 ページ|神酒」

正解　1

「祝詞」に関する以下の文章を読んで問 18 から問 20 までの設問に答えてください。

　霊力が内在する神聖な言葉は、神（上）より直接に、あるいは、他を媒介として特殊な者に伝わってみことのり（勅）となる。その一方で、これを伝承し他の神の功徳を称（たた）える諄辞となるとともに、その両面で使用される詞章として発達した。前者は【ア】であり、後者は祝詞である。

　天児屋命は、神話においてその性格が称えられ、その子孫が祭祀と最も関係の深い中臣氏や卜部氏、また政治家としての藤原氏の遠祖となる。また、ノリトなどの神として、卜占の神である櫛真知命（くしまちのみこと／久慈真知神）や、言霊の神として【イ】（天児屋命および雷臣／いかづちのおみの祖）が崇められている。また、『延喜式』「神名」には、「左京二條に坐す神社　二座　太詔戸命神（ふとのとのみことのかみ）　久慈真智命神」「大和国　添上郡　太祝詞（ふとのとの）神社」「大和国　十市郡（とおちのこおり）　天香久山坐櫛真命神社」など“祝詞の神社”が記されている。古い卜占方が伝わる【ウ】においても、「能理刀（のりとの）神社」「太祝詞神社」が記されている。

問 18
【ア】に入る言葉として最もふさわしいものを選んでください。

1. 宣命　　2. 託宣
3. 寿詞　　4. 賀詞

問 19
【イ】に入る言葉として正しいものを選んでください。

1. 言霊産霊神　　　　　2. 言霊直毘神
3. 興台(こごと)産霊神　　4. 興台直毘神

1
級

問 20
【ウ】に入る言葉として正しいものを選んでください。

1. 沼島(ぬしま)　　2. 沖ノ島
3. 淡路島　　　　4. 壱岐・対馬

➡ 『神社のいろは要語集　祭祀編』228 ページ「祝詞」。『神話のおへそ』100 ページ「隠岐・近江・淡路」
問18　正解　1
問19　正解　3
問20　正解　4

問21

祝詞研究に関する以下の文章を読んで【ア】【イ】【ウ】に入る言葉の組み合わせとして正しいものを選んでください。

近世中期に国学（古学）が興隆すると、『万葉集』『古事記』などとともに『延喜式』「祝詞」が早くから研究資料となった。賀茂真淵の『延喜式祝詞解』【ア】、本居宣長の『大祓詞後釈』【イ】、【ウ】の『延喜式祝詞講義』が著され、『延喜式』「神名」とともに重視され、敷田年治（しきだとしはる）の『祝詞弁蒙』、そして、昭和になって次田（つぎた）潤の『祝詞新講』が著された。

1．ア、出雲国造神賀詞後釈
　　イ、祝詞考
　　ウ、鈴木重胤
2．ア、祝詞考
　　イ、出雲国造神賀詞後釈
　　ウ、鈴木重胤
3．ア、出雲国造神賀詞後釈
　　イ、祝詞考
　　ウ、平田篤胤
4．ア、祝詞考
　　イ、出雲国造神賀詞後釈
　　ウ、平田篤胤

➡ 『神社のいろは要語集　祭祀編』229 ページ「意義
と性格」

正解　2

「宣命」に関する以下の文章を読んで問 22 から問
28 までの設問に答えてください。

　上古において天皇は、朝廷に群臣を召集し、荘厳
なる儀礼の場で勅命を公にした。しかし、漢字文化
の定着により、漢字の正訓を仮りて和語を写し、助
詞や用言の活用語尾は、一字一音式の字音仮字を右
下に小字で書くという「【ア】書き」の様式になってい
った。以降、純粋に漢文で書かれた勅命を【イ】、和
語で書かれたものを【ウ】と呼ぶようになった。

　勅命を公にするために記された文書は、「公式令」
によって、【エ】と【オ】とに区分されている。『令集解』
によれば、国家における「臨時大事」の勅命の文書が
【エ】、「尋常小事」の勅命の文書が【オ】である。臨時
の大事は、改元、改銭、赦令、それ以外の宣命すべき
こととしては、神社・山陵への告文、立后、立太
子、大臣の叙任などであり、【カ】は、その最たるこ
ととなる。

　宣命の第一級史料は、【キ】に採録されている 62
編である。【キ】は漢文で記された国史であるが、宣
命に限り「【ア】書き」の様式で書かれている。それに
対し【ク】は漢文第一主義を貫き、勅命も漢文に書き
改められている。

　宣命が下される対象は、通常は「皇子・王・臣・
百官人等・天下公民」であるが、そのときの天皇の

称号も統一的な様式が確立されていた。『令集解』によれば、【ケ】は大事を蕃国(からくに/外国)の使に宣る場合、【コ】は次事を蕃国の使に宣る場合である。立后、立太子、元日の受朝など朝廷の大事には【サ】の称号が用いられている。

　宣命には本来、祝詞と同様に言魂の発動によって相手を説得させる「言向けの呪力」が存しており、したがって、宣読の方法にも注意が払われ、「宣命」は、独特の抑揚や韻律をともなっていたと考えられる。

問22

【ア】に入る言葉として正しいものを選んでください。

1．祝詞　　2．添え

3．仮名　　4．宣命

問23

【イ】【ウ】に入る言葉の組み合わせとして正しいものを選んでください。

1．イ、詔勅　ウ、宣命

2．イ、宣命　ウ、詔勅

3．イ、漢命　ウ、宣命

4．イ、宣命　ウ、和命

問24
【エ】【オ】に入る言葉の組み合わせとして正しい
ものを選んでください。

1. エ、勅旨　オ、詔書
2. エ、勅書　オ、詔旨
3. エ、詔書　オ、勅旨
4. エ、詔旨　オ、勅書

問25
【カ】に入る言葉として最もふさわしいものを選
んでください。

1. 崩御　　2. 遷都
3. 即位　　4. 廃位

問26
【キ】【ク】に入る言葉の組み合わせてとして正し
いものを選んでください。

1. キ、続日本紀　ク、日本書紀
2. キ、続日本紀　ク、古事記
3. キ、日本後紀　ク、続日本紀
4. キ、日本後紀　ク、日本書紀

問 27

【ケ】【コ】【サ】に入る言葉の組み合わせとして正しいものを選んでください。

1. ケ、明神御宇日本天皇（あきつみかみとあめのしたしろしめすひのもとのすめらみこと）
   コ、明神御宇天皇
   サ、明神御大八洲天皇
2. ケ、明神御宇天皇
   コ、明神御大八洲天皇
   サ、明神御宇日本天皇
3. ケ、明神御大八洲天皇
   コ、明神御宇日本天皇
   サ、明神御宇天皇
4. ケ、明神御宇日本天皇
   コ、明神御大八洲天皇
   サ、明神御宇天皇

問28

下線部の独特の抑揚や韻律の内容について間違っているものを選んでください。

1. 独特の訓法をもった韻文であった。
2. 師から弟子へ相伝される「道」を確立していたようである。
3. 参議以上の者は、「宣命大夫」として、この「道」の修練に励む必要があったと推測される。
4. 宣命には「譜」まではなかった。

➡ 『神社のいろは要語集　祭祀編』233ページ「宣命」

問22	正解	4	問23	正解	1
問24	正解	3	問25	正解	3
問26	正解	1	問27	正解	1
問28	正解	4			

問 29

以下の文章を読んで【　】に入る言葉として正しいものを選んでください。

『延喜式』巻八「祝詞」所収の「六月晦大祓」に、「大中臣、（中略）【　】事（ごと）を宣（の）れ、かく宣らば」天津神と国津神、また、禊祓に関係する神々が、すべての罪穢（つみけがれ）を祓い清めてくれよう、とあることから、その存在についての考察がなされてきた。

1．天津奇（くす）し護言（いわいごと）
2．天津祝詞の太祝詞
3．天津次（つぎて）の神賀（かむほき）の吉詞（よごと）
4．吐普加美依身多女

➡『神社のいろは要語集　祭祀編』243 ページ「天都詔詞太祝詞」

正解　2

174

大嘗祭の「両斎国の卜定」に関する歴史について書かれた以下の文章を読んで問30から問32の設問に答えてください。

両斎国の文献上での初見は『日本書紀』の【ア】2年12月条である。「大嘗に侍奉(つかえまつ)れる中臣・忌部及び神官の人等、幷(あわせ)て播磨・丹波、二つの国の郡司」とあり、大嘗祭にあたって悠紀・主基両国が卜定されたことと関連していると思われる。両国の卜定は、後に京都を中心として東と西に定められたが、光仁天皇(宝亀元年／770～)以前は、必ずしもそうではなかった。その後にも変遷があり、後鳥羽天皇(寿永2年／1183～)以後は丹波国と備中国を交互にあて、幕末の孝明天皇の御代にいたる。この点は、【イ】に悠紀、【ウ】に主基の斎田を点定する『登極令』とは異なっているが、「卜定」と【エ】に重きが置かれていることに変わりはない。

問30
【ア】に入る言葉として正しいものを選んでください。

1. 天武天皇　　2. 持統天皇
3. 文武天皇　　4. 元明天皇

問31
【イ】【ウ】に入る言葉の組み合わせとして正しいものを選んでください。

1. イ、京都の以東以南　ウ、以西以北
2. イ、京都の以東以北　ウ、以西以南
3. イ、東京の以東以南　ウ、以西以北
4. イ、東京の以東以北　ウ、以西以南

問32
【エ】に入る言葉として最もふさわしいものを選んでください。

1. 太政官裁　　2. 勅定
3. 多数決　　　4. 神祇官裁

➡『神社のいろは要語集　祭祀編』260ページ「大嘗祭」の「古典での初見と内容」、261ページ「①両斎国の卜定」

問30　正解　1
問31　正解　1
問32　正解　2

大嘗祭に関する以下の文章を読んで問33から問39までの設問に答えてください。

　大嘗祭では祭儀・行事も多い。節会をもって終わるため、古来、「大嘗会（え）」ともいわれる。その主なものが以下である。

　①両斎国の卜定（4月）、②抜穂行事（9月）、③【ア】行事〔白酒・黒酒の謹醸、御贄の調備、神服調製〕（10月～11月）、④【イ】（10月下旬、賀茂河原行幸）、⑤造殿行事（祭日前10日）、⑥供神物の供納（【ウ】日当朝、斎場・大嘗宮）、⑦大嘗宮悠紀殿主基殿の儀（【ウ】日夜～翌暁）⑧節会（辰巳午日）。

問33
【ア】に入る言葉として正しいものを選んでください。

1．東野斎場　　2．西野斎場
3．南野斎場　　4．北野斎場

問34
【イ】に入る言葉としてふさわしくないものを選んでください。

1．悠紀主基の大祓　　2．御禊（ごけい）
3．豊の御禊（みそぎ）　　4．河原の大祓

問35
【ウ】に入る言葉として正しいものを選んでください。

1．丑　　2．寅　　3．卯　　4．辰

問36
下線部の「抜穂行事」に関連し、以下の文章の空欄【 】に入る言葉として正しいものを選んでください。

　この【 】は斎田行事から、大嘗祭の当夜の供御（くご）の御飯（おんいい）の奉舂・奉炊に至るまで一切の奉仕を行った。この【 】が「手つけ始める」ことが原則とされている。抜穂の場合には最初に穂を抜く。斎場の造営に際しては、まず忌（いみ）鎌にて草を払い忌鍬にて掘り始める。御料材の伐採でも忌斧にて切り始め、稲舂（つ）きでも最初に手をつけるのが造酒【 】である。

1．中臣　　2．卜部
3．童男　　4．童女

下線部の「神服調製」に関連する問題です。以下の文章を読んで問 37 から問 39 までの設問に答えてください。

　内院の南には「神服院（かむはとりのいん）」が建てられた。神服（かんみそ）調製の院であり、ここでは「繒服（にぎたえのみそ）」が奉織された。繒服は【エ】の神服で、【オ】の赤引糸（あかひきのいと）で織られる。これは、【オ】国に発遣された「神服使」が奉持し、京の斎場で奉織された。一方、「麁服（あらたえのみそ）」（【カ】の神服）は、その神服使が奉織される国に向かい、その地において織り上げさせ、京に捧持して神祇官に納められる。この「繒服」は、ほかの供神物とともに斎場を発し、神祇官から出発した「麁服」と途中で合流し、大嘗宮の【キ】に奉安された。

問 37
【エ】【カ】に入る言葉の組み合わせとして最もふさわしいものを選んでください。

1．エ、和妙　　カ、荒妙
2．エ、荒妙　　カ、和妙
3．エ、白妙　　カ、黒妙
4．エ、黒妙　　カ、白妙

問 38

【オ】に入る言葉として正しいものを選んでください。

1. 阿波　　2. 三河
3. 近江　　4. 越前

問 39

【キ】に入る言葉として正しいものを選んでください。

1. 膳屋　　　2. 斎庫
3. 廻立殿　　4. 神座

➡ 『神社のいろは要語集　祭祀編』260 ページ「大嘗祭」

問 33　正解　4
問 34　正解　1
問 35　正解　3
問 36　正解　4
問 37　正解　1
問 38　正解　2
問 39　正解　4

以下の文章を読んで問 40 と問 41 の設問に答えてください。

【ア】節会は、毎年の新嘗では翌日に、大嘗では午の日に行われた。御宴一般も【ア】と呼ばれたが、後には大嘗・新嘗の節会だけの名称となった。場所は豊楽殿で、御座には御帳（ちょう）を撤して中央に【イ】が設けられ、殿前には舞台が構えられた。

問 40
【ア】に入る言葉として正しいものを選んでください。

1．大饗　　　　2．晴
3．踏歌（とうか）　4．豊明

問 41
【イ】に入る言葉として正しいものを選んでください。

1．高御座
2．御帳台（みちょうだい）
3．標山（ひょうのやま）
4．州浜

❖ 解 説 ❖

踏歌節会とは宮中で行われた正月の年中行事です。
➡『神社のいろは要語集　祭祀編』275 ページ「豊明
節会」、268 ページ「供神物の供納」

問 40　正解　4　　問 41　正解　1

神嘗祭に関する以下の文章を読んで問 42 と問 43
の設問に答えてください。

『延暦儀式帳』や『皇太神宮年中行事』などによれ
ば、古儀においては、由貴大御饌で大御饌を供進す
るところは心御柱で、大神宮司は奉仕せず【ア】(童
女)が奉仕した。神宮では、皇祖・天照大御神の御
杖代(みつえしろ)である斎王が天皇に代わって奉仕
したが、さらに、斎王に代わって大御神に近侍した
のは【ア】であった。

祭月の 15 日、斎王は斎宮から離宮院(斎宮の離
宮)に入り、禊祓を行って 16 日に度会宮(わたら
いのみや／外宮)に参入した。そして、【イ】行事の後、
侍殿に候し、大神宮司以下が奉仕する奉幣の諸行事
が終わって退出した。いったん離宮院に戻り、17
日に大神宮(おおかみのみや／内宮)に参向し、渡会
宮と同様に【イ】行事を行って、すべての行事が終わ
って退出した。

奉幣の儀における大神宮司の祝詞は、大神宮では
【ウ】が左右に立ち並び、禰宜・内人(うちんど)が捧
持する【イ】に囲まれた中で奏する形となっていた。

『皇大神宮儀式帳』「山向物忌職掌」条の一節に「大中臣隠り侍りて」とあるが、まさに実感の言葉であっただろう。

問42
【ア】に入る言葉として正しいものを選んでください。

1. 心内人（しんのうちんど）
2. 大物忌（おおものいみ）
3. 命婦（みょうぶ）
4. 女嬬（にょじゅ）

問43
【イ】【ウ】に入る言葉の組み合わせとして正しいものを選んでください。

1. イ、太玉串　ウ、天八重榊
2. イ、天玉串　ウ、八咫榊
3. イ、太玉串　ウ、八咫榊
4. イ、天玉串　ウ、天八重榊

➡ 『神社のいろは要語集　祭祀編』278ページ「古儀」、212ページ「祭祀と榊」

問42　正解　2　　　問43　正解　1

問 44

以下は『延喜式』巻八に所収の祝詞の一部です。これは何の祝詞でしょうか。

　「三つの郡（こおり）・国国処処（くにぐにところどころ）に寄せまつれる神戸の人等の、常も進（たてまつ）る由紀の御酒（おおみき）・御贄（おおにえ）、懸税（かけぢから）千税（ちぢから）余り五百税（いおちから）を、横山の如く置き足（たら）はして」

1．大嘗祭　　　　2．神嘗祭
3．六月月次祭　　4．道饗祭

❖　解　説　❖

　いろんなヒントが入っていますが「懸税」もその一つです。

➡『神社のいろは要語集　祭祀編』277 ページ「神嘗祭」の 279 ページ「幣帛と懸税」

正解　2

神嘉殿に関して書かれた以下の文章を読んで問45から問48までの設問に答えてください。

　神嘉殿は、殿内中央に母屋（もや／本殿）、東に東隔殿（かくでん）、西に西隔殿という構造になっている。元来、神嘉殿は中和院（ちゅうかいん）内の正殿で、平安大内裏の【ア】に建っていて内裏東の賢所（内侍所）とは別域にあった。安政2年（1855）に再建された内裏の中にあった神嘉殿は、明治23年（1890）の【イ】創建の際に下賜された。

　神嘉殿には、常には神は祀られていないため、新嘗祭に際しては一切の舗設が必要となる。そのなかで最も重要なものは、神座、寝座、御座で、神座と御座は相対して西南の【ウ】の方位に設けられる。寝座は神座・御座の東、母屋のほぼ中央に南北に敷かれる。薄帖（うすじょう）を何枚も重ね敷き、さらに「八重畳（やえだたみ）」を敷き、「【エ】」が掛けられる。『江記』によると、古くはこれを「第一の神座」と称し、御座はこの寝座に密着して設けられ、さらに両座に帖1枚が掛け渡されたようである。

問45
【ア】に入る言葉として正しいものを選んでください。

1. 北　　2. 南　　3. 東　　4. 中心

問 46

【イ】に入る言葉として正しいものを選んでください。

1. 橿原神宮　　2. 平安神宮
3. 靖國神社　　4. 明治神宮

問 47

【ウ】に入る言葉として正しいものを選んでください。

1. 神宮　　　　2. 神武天皇陵
3. 京都御所　　4. 高千穂

問48
【エ】に入る言葉として最もふさわしいものを選
んでください。

1．御比礼（おひれ）　　2．御衾（おふすま）
3．和幣　　　　　　　4．御幌（みとばり）

➡『神社のいろは要語集　祭祀編』284 ページ「神嘉
殿と鋪設」

問45　正解　4　　問46　正解　1
問47　正解　1　　問48　正解　2

問 49
「神宮式年遷宮」について書かれた以下の記述の
うち間違っているものを選んでください。

1. 火災やその他の事故により、式年を待たず
   に御正殿を造営することを「臨時遷宮」とい
   い、この場合、その次の正遷宮は、その年
   から数えることが決まりとなっていた。
2. 当初、遷御は、外宮は 9 月 15 日、内宮
   は同 16 日に、ほぼ行われてきた。これ
   を「式月式日」という。
3. 南北朝時代の興国 4 年・康永 2 年（1343）
   12 月 28 日に内宮の遷宮が行われて以来、
   式月式日は乱れて 10 月から 12 月の間
   に行われるようになった。
4. 明治 22 年の遷宮以来、内宮は 10 月 2 日、
   外宮は同 5 日となって、現在に至っている。

➡『神社のいろは要語集　祭祀編』301 ページ「遷宮」
の 305 ページ「式年遷宮」

正解　1

問 50

以下の「大神宝使」に関する文章の【　】に入る正しい言葉を選んでください。

　天皇即位の後、おおよそ1～2年の間に、神宮をはじめ京畿・七道のほぼ五〇社に、「神宝」「幣帛」「宣命」などを奉るため使が遣わされた。これが「大神宝使」であり「一代一度の大神宝（大奉幣）」とも呼ばれる。大神宝使の構成は、伊勢使（いせのつかい）・【　】使・京近辺諸社の使（石清水・園幷韓神・賀茂上下・稲荷・松尾・平野・大原野）・畿内使（大和・河内・摂津）・七道使よりなっていた。

1．対馬　　2．宇佐
3．吉備　　4．住吉

➡『神社のいろは要語集　祭祀編』333 ページ「宮廷の年中行事」の 337 ページ「大神宝使」

正解　2

問 51 から問 81 は『古語拾遺』に関する問題です。

以下の文章を読んで問 51 から問 53 までの設問に答えてください。

　『古語拾遺』の御歳神の祭祀に関する文章は、【ア】の意義を的確に知るために大きく役立ちます。

　【ア】の「延喜式祝詞」は、まず「天社（あまつやしろ）と国社（くにつやしろ）」（式内社）に祈り、次に御歳神、続いて八神殿の神をはじめとする神祇官の御巫（みかんなぎ）が奉斎する神、そして天照大御神に祈り、大和国の御県（みあがた）・【イ】・【ウ】の神々に祈るという形になっています。そして、この【ア】の祝詞を【エ】の祝詞と比較すると、ほとんどの詞句は同じです。違いは、御歳神に対する祝詞が【ア】にはあって、【エ】にはないことです。その祈る対象は、祭神としての御歳神で、具体的には大和国葛上郡の式内社である葛木御歳神社（現・奈良県御所市鎮座）、もしくは高市郡の御歳神社が中心的な神社でした。

問 51
【ア】に入る言葉として正しいものを選んでください。

1．祈年祭　　2．月次祭
3．神嘗祭　　4．新嘗祭

問52
【イ】【ウ】に入る言葉の組み合わせとして正しい
ものを選んでください。

1. イ、山口　ウ、水分（みくまり）
2. イ、風神　ウ、大忌
3. イ、山口　エ、大忌
4. イ、風神　ウ、水分

問53
【エ】に入る言葉として正しいものを選んでくだ
さい。

1. 祈年祭　　2. 月次祭
3. 神嘗祭　　4. 新嘗祭

➡ 『神話のおへそ『古語拾遺』編』282 ページ「祈年祭
の「かたち」」、90 ページ「斎部広成について」
問51　正解　1
問52　正解　1
問53　正解　2

問54

以下は『延喜式』の中のある規定ですが、何の祭りのものでしょうか。

（前略）神祇の官人已下（いか）神部已上（かむべいじょう）は青摺衣（あおずりのきぬ）を著（つ）け、御巫（みかんなぎ）等を率ゐて入りて、庁上（ちょうじょう）の座に就け。内侍（ないし）は御服（みそ）を持ちて内より退出（まかで）よ。大膳職（だいぜんしき）、造酒司（みきづかさ）は八代物（やつしろもの）を供へて同時に参り、縫殿寮（ぬいとのりょう）は猿女をして参入（まい）らしめよ。(中略)神部堂上（どうじょう）に於て拍手を催せ。御巫及び猿女等例に依りて舞ひ、訖（おわ）りて即ち神祇官の（後略）

1．大忌祭　　2．鎮花祭
3．三枝祭　　4．鎮魂祭

➡ 『神話のおへそ『古語拾遺』編』267 ページ「遺れている事の九」

正解　4

以下の文章を読んで問55から問59までの設問に答えてください。

　磯城の瑞垣宮に都した【ア】の御代、次第に神様の霊威を恐れ畏（かしこ）むようになり、ご神体を同じ宮殿の内に留めておくのは畏（おそ）れ多い、と感じ

られるようになりました。そこで、斎部氏に命じて石凝姥神・天目一箇神の子孫たちに新たに鏡、剣を作らせ、天皇をお守りするしるしとしました。これらは、今、天皇がご即位される時に、斎部氏が奉る神璽の鏡・剣です。そして、大和国の笠縫邑に磯城の(神聖な)神籬を建て、天照大神のご分身の鏡と、草薙剣をお遷し申し上げ、皇女・豊鍬入姫命にお祀りさせました。

　巻向の玉城宮に都した【イ】の御代になり、倭姫命にお命じになって、天照大神をお祭りなさいました。大神の教えに従って、お社を伊勢国の五十鈴川の川上に建てました。この地は、天照大神が高天原で予め密かにお約束をされて、まず、【ウ】をお降しなさったという、深い理由があったのです。この天皇の御代に、新羅国の王子、海檜槍(あまのひほこ)が来朝して、今の但馬国出石郡(いずしのこおり)に住み、後に大きなお社にお祀りされました。

問55
【ア】【イ】に入る言葉の組み合わせとして正しいものを選んでください。

1．ア、垂仁天皇　イ、崇神天皇
2．ア、崇神天皇　イ、垂仁天皇
3．ア、崇神天皇　イ、景行天皇
4．ア、景行天皇　イ、崇神天皇

問56

下線部の「そこで、斎部氏に命じて石凝姥神・天目一箇神の子孫たちに新たに鏡、剣を作らせ、天皇をお守りするしるしとしました」について書かれた以下のうち正しいものを選んでください。

1. このことは『古語拾遺』『古事記』『日本書紀』に書かれている。
2. このことは『古語拾遺』『日本書紀』に書かれていて『古事記』には書かれていない。
3. このことは『古語拾遺』『古事記』に書かれていて『日本書紀』には書かれていない。
4. このことは『古語拾遺』のみに書かれている。

問57

下線部の「斎部氏が奉る神璽の鏡・剣」に関する問題です。律令制下において、忌部の重要な役割は、天皇践祚（即位）、および大嘗祭の際に「鏡・剣」を奉ることにありました。「神祇令」には以下のような規定がありますが、空欄【　】に入る言葉として正しいものを選んでください。

　「中臣は【　】を奏して、忌部は神璽之鏡剣を上（たてまつ）れ」

1. 国神之寿詞（くにつかみのよごと）
2. 天神之（あまつかみの）寿詞
3. 天津神賀詞（あまつかむよごと）
4. 国津神賀詞

問58

【ウ】に入る言葉として正しいものを選んでください。

1. 天鈿女命　　2. 猿田彦大神
3. 天太玉命　　4. 天児屋命

問59

下線部の「大きなお社」とはどこでしょうか。

1. 但馬神社　　2. 出石神社
3. 吉備津神社　　4. 生田神社

➡ 『神話のおへそ『古語拾遺』編』229ページ「崇神天皇の御代に」、230ページ「垂仁天皇の御代に」、235ページ「「記紀」の補足と解釈」、233ページ「神璽渡御の歴史」、218ページ「大嘗祭における忌部氏の役割」、59ページ「崇神天皇の御代に」、60ページ「垂仁天皇の御代に」

問55　正解　2　　　問56　正解　4

問57　正解　2　　　問58　正解　2

問59　正解　2

以下の現代語訳の文章を読んで問60から問62の設問に答えてください。

　日臣命は来目部を率いて、宮殿の門を警護し開閉を掌(つかさど)りました。饒速日命は内物部を率いて【ア】を作りました。これらが整ったところで、【イ】は斎部たちを率いて、天璽(あまつしるし)を捧げ持ち、天皇の宮殿に安置申し上げました。また、宮殿の中に玉を懸け、神様へのお供え物をならべて、宮殿の祭りの祝詞を奏上しました(この祝詞は【ウ】に記載されています)。

　その後に物部は【ア】を立て、大伴・来目は門を開き、各地から朝貢する人々が参上し、天皇の位が貴いことを知らしめたのでした。

問60
【ア】に入る言葉として正しいものを選んでください。

1．矛と盾　　　　2．矛と竿
3．木綿と麻布　　4．御幣と注連縄

問 61

【イ】【ウ】に入る言葉の組み合わせとして正しい
ものを選んでください。

1．イ、天太玉命　ウ、別巻
2．イ、天富命　　ウ、別巻
3．イ、天太玉命　ウ、巻末
4．イ、天富命　　ウ、巻末

問 62

下線部の「宮殿の中に玉を懸け、神様へのお供
え物をならべて、宮殿の祭りの祝詞を奏上しま
した」は何の祭りを表しているでしょうか。

1．大殿祭　　　2．御門祭
3．八十島祭　　4．神今食

➡ 『神話のおへそ『古語拾遺』編』56ページ「【大殿祭・
御門祭と大嘗祭】」、107ページ「『古語拾遺』成立の
頃の時代状況」、209ページ「【神籬を建て神々を祀
る】」、220ページ「「即位」「造宮」「大嘗祭」の一体性」
問60　正解　1
問61　正解　2
問62　正解　1

問 63

『古語拾遺』では、神祇官の八神殿に祀られている神を「高皇産霊・神産霊・魂留産霊・生産霊・足産霊・大宮売神・事代主神・御膳神」、国土の神を「生嶋」、宮殿の敷地の神を「坐摩」としていますが、それでは、内裏の御門に祀られている神は、どなたとしているでしょうか。

1. 綱長井神（つながいのかみ）・足嶋神（たるしまのかみ）

2. 阿須波神（あすはのかみ）・波比祇神（はひきのかみ）

3. 生井神（いくいのかみ）・栄井神（さくいのかみ）

4. 櫛磐間戸神（くしいわまとのかみ）・豊磐間戸神（とよいわまとのかみ）

➡ 『神話のおへそ『古語拾遺』編』209 ページ「【神籬を建て神々を祀る】」

正解 4

問64

『古語拾遺』の「天石窟」神話に書かれていること
の特徴として、間違っているものを選んでくだ
さい。

1．天照大神が天石窟にお隠れになった後、神々
　　が相談して思兼神が提案するところまでは
　　「記紀」と同じストーリーだが、決定した内
　　容が異なっている。
2．天照大神が住まわれる御殿を造り、大宮売
　　神を近侍させたという「記紀」にない伝承が
　　書かれている。
3．『古語拾遺』では祭祀の準備のすべてに忌部
　　氏の祖神とその率いる神様が携わっている。
4．『古事記』でも『古語拾遺』でも祝詞を読むの
　　は天児屋命の役割である。

➡『神話のおへそ『古語拾遺』編』167ページ「天石窟
神話の重要性」、169ページ「現在の存在の根拠は神
代の出来事」

正解　4

1
級

以下の文章を読んで問65と問66の設問に答えてください。

　天富命に斎部の配下の諸氏を率いて、さまざまな神宝（かむだから）、鏡・玉・矛・盾・木綿・麻などを作らせました。櫛明玉命の子孫は、御祈玉（みほきたま）を作りました。その子孫は、今、【ア】に住んでいます。毎年、貢ぎ物と一緒にその玉を献上しています。天日鷲命の子孫は木綿と布（古い言葉にアラタエといいます）を作りました。また、天富命に命じて、日鷲命の子孫に肥沃な土地を探させ、【イ】に派遣してカジノキ・麻を植えさせました。その子孫は今もその国に住み、大嘗祭の時、木綿・麻布の他さまざまの物を献上します。そのことから、居住している郡は「麻殖（おえ）」と呼ばれています。天富命はさらに肥沃な土地を求め、東国の関東の地に【イ】の斎部の一部を移住させ、麻・カジノキを植えました。それらがよく育ち、国の名を総国（ふさのくに）と名付けました。また、手置帆負命の子孫は矛・竿を作り、今は【ウ】に居住しています。毎年の調・庸のほかに、数多くの竿を献上しています。これらの事実がすべて古の事跡を証明しているのです。

問65

【ア】【ウ】に入る言葉の組み合わせとして正しい
ものを選んでください。

1．ア、出雲国　ウ、讃岐国
2．ア、讃岐国　ウ、出雲国
3．ア、伊勢国　ウ、備前国
4．ア、備前国　ウ、伊勢国

1
級

問66

【イ】に入る言葉として正しいものを選んでくだ
さい。

1．安房国　　2．筑紫国
3．紀伊国　　4．阿波国

➡ 『神話のおへそ『古語拾遺』編』53ページ「祭祀具
と斎部」、144ページ「「地方の忌部」」

問65　正解　1　　問66　正解　4

以下は『古語拾遺』の写本について書かれた文章ですが、文章を読んで問67と問68の設問に答えてください。

　現在、一般的に用いられることの多い【ア】系では、「天御中主神、高皇産霊神、神産霊神」と、『日本書紀』一書・『古事記』と同様の記述で順に列記され、しかも、「記紀」同様、各々の神に明確な関係は見出せません。しかし、【イ】系で見ると、「天御中主神。其子有三男（その子は三男有り）」と親子関係が明記されていて、長男が高皇産霊神、次男が津速産霊神、三男が神産霊神となっています。ここが【ア】系、【イ】系写本の大きな違いです。

問67
【ア】【イ】に入る言葉の組み合わせとして正しいものを選んでください。

1．ア、四天王寺本　イ、卜部本
2．ア、卜部本　　　イ、伊勢本
3．ア、伊勢本　　　イ、卜部本
4．ア、卜部本　　　イ、四天王寺本

問68
下線部の津速産霊神は、【イ】系の写本で見ると誰の祖神とされているでしょうか。『新撰姓氏録』にも同じ記載があります。

1．忌部氏　　2．土師氏

3．葛城氏　　4．中臣氏

➡『神話のおへそ『古語拾遺』編』142 ページ「ムスヒ
の神の系譜と中臣氏」

問67　正解　2　　問68　正解　4

1
級

以下の文章を読んで問 69 と問 70 の設問に答え
てください。

　『古語拾遺』を考える場合、「延喜式祝詞」との関連
も見ていく必要があります。『延喜式』の祝詞では、
「高天原に神留坐（かむづまりま）す、皇（すめら）が
親（むつ）【ア】【イ】の命以（みこともち）て」といった
フレーズのある祝詞が、「祈年祭」「月次祭」「大祓」な
どいくつかあります。

問 69
【ア】【イ】に入る言葉の組み合わせとして正しい
ものを選んでください。

1．ア、イザナギ　　　イ、イザナミ
2．ア、タカミムスヒ　イ、カミムスヒ
3．ア、アメノサギリ　イ、クニノサギリ
4．ア、カムロギ　　　イ、カムロミ

問70

下線部「命以て」の意味として最もふさわしいものを選んでください。

1. 命(いのち)をかけて
2. 命令を委任されて
3. 神がかって
4. お祭りして

➡ 『神話のおへそ『古語拾遺』編』140ページ「カムロギ・カムロミ」

問69　正解　4　　問70　正解　2

以下の文章を読んで問71から問73までの設問に答えてください。

　奈良時代末期から平安時代初期にかけては、『古語拾遺』と同様に、氏族に伝えられた古伝承をまとめた書物が作られていきます。これら【ア】は、正史である『日本書紀』などに多くを依拠しつつまとめられているという特徴があります。編纂以降、朝廷では「日本紀講筵」が度々行われました。そのなかで、『日本書紀』だけでは解釈できない箇所、記述がなされていない事項などについての議論が蓄積されていきます。それらに対する回答の一つとして、各氏の伝承を記録した【ア】が注目されるようになったとも考えられています。

そのなかで、天皇の日常の食事を司る「内膳司（ないぜんし・うちのかしわでのつかさ）」に奉仕していた二つの氏族の間に起こった論争に際して、一氏族側がまとめて朝廷に進上したのが【イ】で、天地開闢から伊弉諾尊の禊による底筒之男・中筒之男・表筒之男神の出現までが詳しく語られているのが【ウ】です。

問71
【ア】に入る言葉として最もふさわしいものを選んでください。

1．風土記　　2．本系帳
3．姓氏録　　4．氏文

問72
【イ】に入る言葉として正しいものを選んでください。

1．高橋氏文　　2．安曇氏文
3．秦氏本系帳　　4．菅原氏本系帳

問 73
【ウ】に入る言葉として正しいものを選んでください。

1．宗像大社神代記　　2．住吉大社神代記
3．出雲大社神代記　　4．諏訪大社神代記

➡ 『神話のおへそ『古語拾遺』編』96 ページ「「稽古照今」と「遺れたる事」」、99 ページ「『新撰姓氏録』の編纂」、100 ページ「・「高橋氏文」」、102 ページ「・『住吉大社神代記』」、104 ページ「・「秦氏本系帳」」」
問 71　正解　4
問 72　正解　1
問 73　正解　2

以下の文章を読んで問 74 と問 75 の設問に答えてください。

　『新撰亀相記』は【ア】を引用した最古の書の一つであるという意味でも注目を浴びています。さらに、「鎮火祭」「大祓」の起源について独自の主張が記されていて、この本の成立には、平安初期の卜部氏が神祇官における地位を上昇させていく際に、自らの由緒を確立しようとしたことが考えられ、神代まで遡る「【イ】の家」としての卜部氏を主張したものです。

問 74

【ア】に入る言葉として正しいものを選んでください。

1．日本書紀　　2．古事記
3．祝詞　　　　4．風土記

問 75

【イ】に入る言葉として正しいものを選んでください。

1．土器　　2．神楽
3．亀ト　　4．太占

➡ 『神話のおへそ『古語拾遺』編』103 ページ「・『新撰亀相記』」

問 74　正解　2　　　問 75　正解　3

以下の文章を読んで問 76 と問 77 の設問に答えてください。

『先代旧事本紀』は、平安時代中期頃から、「記紀」に先行する正しい国史であるという説が出されるほど重視されていました。「天孫本紀」に【ア】の祖の子、宇摩志麻治命(うましまじのみこと)が神武天皇の即位にあたって鎮魂の儀礼を司ったことが描かれ、「天皇本紀」の神武天皇即位の記述には律令祭祀の大嘗祭・新嘗祭で行われた鎮魂祭の起源伝承があります。「天神本紀」には、天照大神から皇孫に「【イ】神宝(かむだから)」を授けられたとも記され、「国造本紀」には、「記紀」に見られない地方の国造(くにのみやつこ)の氏族伝承が豊富に見られます。聖徳太子や蘇我馬子の撰という部分は偽りですが、完全な「偽書」とは言い難い書物です。

問 76

【ア】に入る言葉として正しいものを選んでください。

1．大伴氏　　2．葛城氏

3．蘇我氏　　4．物部氏

問 77
【イ】に入る言葉として正しいものを選んでください。

1. 一種（ひとくさの）　　2. 五種
3. 七種　　　　　　　　4. 十種

➡ 『神話のおへそ『古語拾遺』編』105 ページ「・『先代旧事本紀』」

問 76　正解　4　　問 77　正解　4

近世における『古語拾遺』の評価のされ方に関して書かれた以下の文章を読んで問 78 から問 80 までの設問に答えてください。

『古語拾遺』についてのまとまった評価としては、日下部勝皐（かつたか、奈佐勝皐）の【ア】が有名です。勝皐は、塙保己一の門人として【イ】に所収された書籍の校訂に携わった人物です。【イ】は古代から江戸時代初期までに成った史書や文学作品、計 1273 種を収める一大シリーズで、塙保己一が編纂しました。

寛政 3 年（1791）に刊行された【イ】第二十五輯（しゅう）の中に日下部勝皐が校訂した『古語拾遺』が

収録されています。それに先立つ安永2年（1773）、勝皐は【ア】を著しました。そこでは、『古語拾遺』は斎部氏の「愁訴状」であって、広成が自分の立場を正当化するために事実を曲げて記述しているのだと批判的に捉えています。それに対して『古語拾遺【ア】弁』を著し反論したのが【ウ】です。

問78

【ア】に入る言葉として正しいものを選んでください。

1. 疑斎（ぎさい）　　2. 疑忌（ぎみ）
3. 誤拾（ごしゅう）　4. 誤遺（ごい）

問79

【イ】に入る言葉として正しいものを選んでください。

1. 和訓栞　　2. 本朝通鑑
3. 読史余論　4. 群書類従

問80

【ウ】に入る言葉として正しいものを選んでください。

1．加藤千蔭　　2．賀茂真淵
3．本居宣長　　4．平田篤胤

❖　解　説　❖

問 79 の『読史余論』は江戸時代の学者・政治家である新井白石が著した史論書です。問 80 の加藤千蔭は賀茂真淵の門人の歌人です（公式テキスト⑧『万葉集と神様』97 ページ「近世における多彩な注釈書」参照）。

➡『神話のおへそ『古語拾遺』編』119 ページ「『疑斎』と本居宣長」

問 78　正解　1
問 79　正解　4
問 80　正解　3

問81

以下の文章を読んで空欄【　】に入る言葉として最もふさわしいものを選んでください。

　『延喜式』によると、神祇官の行う祭祀に用いる【　】の調製にも神祇官内の９人の忌部が携わります。また、神祇官内に忌部の定員が不足した場合、他の役所の忌部氏を充(あ)てよ、と規定されるほど、忌部が関与することが必須であったようです。「忌部」とは、「祭祀を司る民」の意味であり、【　】の調製・供進という、国家の祭祀にとって大事な要素を司っていたことが理解できます。

1．神饌　　2．神衣
3．幣帛　　4．土器

➡『神話のおへそ『古語拾遺』編』84 ページ「忌部氏の職能」

正解　3

問82から問92は『古事記』及びそれに関連する問題です。

問82

天地がはじめて開けたとき最初に現れたのは、天之御中主神です。次に高御産巣日神、神産巣日神が出現しました。これらの神様のことを総称するとき、最も適しているものはどれでしょうか。

1. 別天つ神　　　2. 造化三神
3. 神世七代　　　4. 大元神

➡ 『神話のおへそ』34 ページ「世界の始まりに現れた神々」

正解　2

問83

「国生み」に関する問題です。

　伊邪那岐命と伊邪那美命は、まず淡路島を生み、現在でいう四国、隠岐、九州、壱岐、対馬、佐渡、本州の八つの島を生みました。この島々のことは『古事記』では何と総称されているでしょうか。

1．狭別島（さわけのしま）	2．筑紫島
3．大倭豊秋津島	4．大八島国

➡『神話のおへそ』39 ページ「島々から成る日本の国土が誕生」

正解　4

以下の文章を読んで問 84 と問 85 の設問に答えてください。

『古事記』によれば、天照大御神と須佐之男命は高天原の天安河を挟んで誓約をされ、天照大御神は三柱の女神を出現させ、須佐之男命は五男神を出現させます。

問 84

天照大御神は須佐之男命から何を乞い受けて三女神を出現させたでしょうか。

1．剣　　2．腕輪　　3．杖　　4．冠

問85

須佐之男命は天照大御神から何を乞い受けて五男神を出現させたでしょうか。

1. 剣　　2. 勾玉　　3. 矢　　4. 弓

➡ 『神話のおへそ』58 ページ「天照大御神と須佐之男命の対決」

問84　正解　1　　　問85　正解　2

問86

以下の文章を読んで【ア】【イ】に入る言葉として正しいものを選んでください。

　【ア】は、あるときに食べ物を大気津比売神に用意するようにと言いつけました。さっそく大気津比売神は、鼻や口、また尻からさまざまなおいしい食べ物を取り出して、色々に料理して進めますと、【ア】はそのやり方を見て、穢（けが）して献上したと思い込み、大気津比売神を殺してしまいました。

　殺された大気津比売神の身体からは、頭に蚕が生まれ、二つの目に稲種（いなだね）が生まれ、二つの耳に粟が生まれ、鼻に小豆、陰（ほと）に麦、尻に大豆が生まれました。すると【イ】は、これらを採らせて種となさいました。

1．ア、須佐之男命
　　　イ、神産巣日御祖（みおやの）命
　2．ア、須佐之男命
　　　イ、豊宇気毘売神
　3．ア、月読命
　　　イ、神産巣日御祖命
　4．ア、月読命
　　　イ、豊宇気毘売神

➡『神話のおへそ』64ページ「天石屋戸の前での神楽舞」。参考：『神話のおへそ『日本書紀』編』73ページ「一書（第十一）」、75ページ「五穀と養蚕の起源」

正解　1

以下の文章を読んで問87と問88の設問に答えてください。

【ア】は再び戻って大国主神におたずねになり、「おまえの子供、【イ】、建御名方神の二柱の神は、天照大御神の御子のご命令に従い背くことはないと約束した。おまえの心はどうか」と言いました。これに以下のように答えました。「（中略）わたしの住まいを、天神（あまつかみ）の御子が政治を行われる天（あめ）の宮殿のごとく地中の磐（いわ）の上に宮柱を太く立て、高天原に千木を高くそびえて立派に作って

くださるならば、わたしは片隅（かたすみ）の国に身を隠しましょう。また、わたしの子供の多くの神々は、八重【イ】を神々の先頭に立たせ、またしんがりとして統率するようにさせてくださるならば、これに背く神はおりません」。

このように申し上げて、【ウ】国の多芸志（たぎし）の小浜に神殿を造り、水戸（みなとの）神の孫の櫛八玉（くしやたまの）神が料理人となり、御饗（みあえ）を奉りました。そのとき、櫛八玉神が鵜（う）となって海の底に潜り、海底の粘土で平たい土器をたくさん作り、海藻で【エ】を作って火を鑽（き）り出し、言祝（ことほ）ぎました。

問87
【ア】【イ】に入る言葉の組み合わせとして正しいものを選んでください。

1．ア、経津主神　イ、事代主神
2．ア、建御雷神　イ、事代主神
3．ア、経津主神　イ、大年神
4．ア、建御雷神　イ、大年神

問88
【ウ】【エ】に入る言葉の組み合わせとして正しいものを選んでください。

1．ウ、出雲
　　エ、火燧臼（ひきりうす）と火燧杵（きね）
2．ウ、因幡
　　エ、火燧臼と火燧杵
3．ウ、出雲
　　エ、火打石とたたら
4．ウ、因幡
　　エ、火打石とたたら

➡『神話のおへそ』93ページ「天つ神と国つ神の力
比べと国譲り」、108ページ「出雲Ⅰ」

問87　正解　2　　問88　正解　1

問89
以下の文章を読んで空欄【　】に入る言葉として
正しいものを選んでください。
　神倭伊波礼毘古命が宇陀や忍坂（おさか）で敵
を討った時に歌われた一連の歌は【　】歌といわ
れ、天皇即位の祭儀である大嘗祭や紀元節には、
この歌に舞をつけた【　】舞が舞われます。

1．国栖（くず）　　2．久米
3．宇陀　　　　　　4．忍坂

➡『神話のおへそ』199 ページ「戦いを征し、初代神武天皇が即位」

正解　2

問90

倭姫命が都を離れ、神宮を創祀するまでのご巡幸の道程が詳しく書かれているのはどの書物でしょうか。最も適切なものを選んでください。

1.『古事記』　　　　2.『延暦儀式帳』
3.『先代旧事本紀』　　4.『倭姫命世記』

➡『神話のおへそ』288 ページ「倭姫命巡幸の地を行く」

正解　4

問91

古代の英雄・倭建命は東国平定（東征）から大和へ帰る途中の足柄峠でため息をつかれ、「あづまはや！」とおっしゃいました。これが、東国、つまり関東一帯を指す言葉「あづま」の由来だといいます。倭建命は、なぜ、「あづまはや」と言われたのでしょうか。

1. 東の各地で討伐した人たちに哀悼の意を示されて
2. 過ぎ去った日々が早かったことを思われて
3. 早く妻を得て、平和な生活を送りたいと思われて
4. 東征の途中で亡くした妻を思われて

➡ 『神話のおへそ』212ページ「特別編　倭建命の旅路」

正解　4

問92

以下の文章の空欄【　】にあてはまる言葉として正しいものを選んでください。

『古事記』によれば、第二十一代雄略天皇が【　】山に登ったとき、向かいの山の尾根伝いに同じように登る人があった。容貌も身なりも天皇とその行列に瓜二つであったため、いぶかしんで名を尋ねた天皇に「私は悪事も一言、善事も一言で決めてしまう神、【　】の一言主の大神である」と答えが返ってきた。本来、人の目には見えない神が姿を現したことに驚いた天皇は、腰に帯びた太刀や弓矢、供の衣服も脱がせて献上したところ、一言主神は手を打って悦び

祝福し、宮へ還る天皇を長谷の山口まで送っ
たという。

1. 飛鳥　　2. 山辺
3. 葛城　　4. 吉野

➡『神話のおへそ』258ページ「葛城山一帯に残る古
の面影」

正解　3

問93
以下は「春日若宮おん祭」の御旅所祭の模様につ
いて書いたものです。文章の空欄【　】に入る言
葉として正しいものを選んでください。

　若宮が鎮まる御仮殿は、柱が黒木の松、屋根
は青い松葉の枝で葺かれ、神前に染御供（そめ
のごく）と呼ばれる古式の神饌や御幣が奉られ
る。芝舞台では御巫（みかんこ）による社伝神楽
をはじめ数々の芸能が奉納される。なかでも、
おん祭でしか見られない【　】は、神功皇后の故
事にちなむ舞。白布で顔を隠した男性6名が、
笛や小鼓を奏しつつ、袖で顔を覆いながら進み、
また退きして拝舞する。

1．田楽（でんがく）

2．細男（せいのお）

3．抜頭（ばとう）

4．東遊（あずまあそび）

➡ 『皇室』91号 101 ページ「春日若宮式年造替　外遷宮」の 103 ページ

正解　2

問94

以下は令和3年4月に行われた春日大社の若宮の仮殿遷座祭の模様の一部です。文章を読んで空欄【　】に入る言葉として正しいものを選んでください。

　翌24日、ご遷座を祝い、南都楽所の奉仕による「御慶之舞楽（ぎょけいのぶがく）」が行われた。本来は林檎の庭で舞われるが、コロナ対策により、林檎の庭に臨む直会殿に場所を移し、非公開で行われた。故実にならい、殿内には春日の地へ奉遷した神の姿を描いた【　】神影図（しんえいず）が掲げられ、奉遷の際にお伴の神官が奉持してきたと伝わる【　】御鉾（おんほこ）が奉安された。

1．御蓋立（みかさだち）　　　2．河内立

3．鹿島立　　　　　　　　　4．香取立

→『皇室』91号101ページ「春日若宮式年造替　外遷宮」の108ページ

正解　3

問95

同じく春日大社の若宮の式年造替（しきねんぞうたい）に関する問題です。以下の文章を読んで空欄【　】に入る言葉として正しいものを選んでください。

　令和3年4月23日には、若宮をご本殿から仮殿にお遷しする外遷宮（げせんぐう）が斎行され、11月12日には、造替の事始（ことはじめ）の重儀【　】が行われた。この祭儀は荒神祓之儀（こうじんばらいのぎ）と釿始之儀（ちょうなはじめのぎ）の総称であり、春日大社に伝わる独特の故実に基づいている。

1．木造始式（こづくりはじめしき）
2．立柱上棟祭
3．立榊式（たてさかきしき）
4．御殿清祓之儀（ごてんきよはらいのぎ）

→『皇室』93号99ページ「春日若宮式年造替　木造始式」の101ページ。参考：『伊勢神宮と、遷宮の「かたち」』281ページ「春日大社」の295ページ「正遷宮の諸祭儀」

正解　1

問 96

以下の文章は何について書かれたものでしょうか。

　まず天皇陛下が御小直衣（おんこのうし）という装束を着けて出御（しゅつぎょ）されると、掌典長が一拝する。ついで侍従が掌典から御服（ごふく。御袍／ごほう、御袴／おんはかまの長さの絹を柳筥／やないばこに納めたもの）を預かり、その筥に陛下が息を３度吹き入れられる。次に侍従が掌典長から御麻（みぬさ／儀式用の榊）を受け取り、陛下にお渡しすると、陛下がその御麻でお体を３度お撫でになる。その後、侍従が掌典から御竹（みたけ）９本を受け取り、そのなかの長い１本で陛下の背丈を測り、竹に筆で墨の印をつけると、掌典に戻され墨印のところで折る。同様に侍従が次の２本で陛下の胸から指先まで、次の２本で左右の膝から足元まで、順々に測って竹に墨印をつけると、それぞれの印の所で折り、櫃に納める。そのあと陛下が侍従から渡された御壺の中に息を３度吹き入れられる。

　このような一連の儀式が２度繰り返して行われる。最初のものを荒世（あらよ）の儀、２度目のものを和世（にごよ）の儀と称するが、荒世の儀では白絹の御服、和世の儀では紅絹（もみ）の御服が用いられる。

224

```
┌─────────────────────────────────────────────┐
│  １．服折（はおり）の儀    ２．御麻の儀      │
│                                               │
│  ３．節折（よおり）の儀    ４．御壺の儀      │
└─────────────────────────────────────────────┘
```

➡『皇室』94 号 98 ページ「年末年始の皇室祭祀」

正解　3

級

以下の文章を読んで問 97 から問 99 までの設問に答えてください。

　元日の早暁、綾綺殿（りょうきでん）で【ア】を身に着け、手水をとられた天皇陛下は、午前 5 時 30 分、【イ】前庭に出御。【ア】は黄の染料と赤の染料を用いて染めた茶褐色で、太陽の光を象徴するともいわれる。平安初期の嵯峨天皇の時に天皇陛下がお召しになるご祭服の色と定められた。

　【イ】前庭の幄舎（あくしゃ）内には御座（ぎょざ）が設けられている。そこは、荒薦（あらごも）を広く敷いた上に白布が敷き詰められ、さらにその上に所定の広さ分の真薦（まごも）と藺薦（いごも）、厚畳（あつだたみ）が置かれているという。御座の前方には 2 基の燈台が置かれ、四季が描かれた 2 双の屏風で囲まれている。

　庭上の両側に設けられた庭燎（ていりょう）が揺らめく中、陛下はその座に着かれ、まずは伊勢の神宮、

25

次に山陵及び【ウ】の神々をご遥拝。世の中の平安を祈られた。

引き続き、天皇陛下は【エ】に臨まれた。賢所の内陣の御座に進まれ、御玉串を捧げられてご拝礼、内掌典による【オ】の間、平伏された。これは、大御神（おおみかみ）をより一層畏（かしこ）んで感謝をし、恩恵をいただくことを願う祭儀である。

続いて、皇霊殿、神殿に進まれて拝礼された。陛下が退出された後、秋篠宮皇嗣殿下が【カ】を召されてお出ましになり、賢所・皇霊殿・神殿で拝礼された。【カ】とは皇太子（皇嗣）のみが着用する装束で、「昇る朝日の色」といわれる。奈良時代の「養老律令」の「衣服令」で皇太子の装束の色と規定された。

問97
【ア】【カ】の言葉の組み合わせとして正しいものを選んでください。

1．ア、黄櫨染御袍　　カ、御直衣
2．ア、御祭服　　　　カ、御直衣
3．ア、黄櫨染御袍　　カ、黄丹袍
4．ア、御祭服　　　　カ、黄丹袍

問 98
【イ】【オ】の言葉の組み合わせとして正しいもの
を選んでください。

1. イ、神嘉殿　オ、お舞の儀
2. イ、賢所　　オ、お舞の儀
3. イ、神嘉殿　オ、お鈴の儀
4. イ、賢所　　オ、お鈴の儀

問 99
【ウ】【エ】の言葉の組み合わせとして正しいもの
を選んでください。

1. ウ、八方　エ、歳旦祭
2. ウ、八方　エ、元始祭
3. ウ、四方　エ、歳旦祭
4. ウ、四方　エ、元始祭

➡ 『皇室』94 号 98 ページ「年末年始の皇室祭祀」。『神
社のいろは要語集　祭祀編』258 ページ「天皇陛下の
祭服」、259 ページ「御引直衣、御直衣、黄丹袍」
問 97　正解　3
問 98　正解　3
問 99　正解　3

問 100

同じく皇室祭祀について書かれた以下の文章を読んで空欄【　】に入る言葉として正しいものを選んでください。

　1月4日には奏事始が行われた。これは、年始にあたり、掌典長が陛下に【　】のことを奏し、続いて皇室祭祀に関して申し上げる儀式である。内容に変遷はあるものの平安時代以来の歴史を持つ。モーニングコートを着用された天皇陛下は、宮殿の「鳳凰の間」にお出ましになり、同じくモーニング姿の掌典長から奏上を受けられた。

1．神武天皇陵
2．神武天皇陵及び昭和天皇陵、大正天皇陵、明治天皇陵
3．神宮
4．神宮と熱田神宮

➡ 『皇室』94号98ページ「年末年始の皇室祭祀」の100ページ

正解　3

都道府県別受検者数

	初級	3級	2級	1級	計
北海道	25	28	11	7	71
青森県	3	2	0	1	6
岩手県	6	5	2	1	14
宮城県	12	14	11	6	43
秋田県	1	1	2	0	4
山形県	4	5	1	3	13
福島県	8	6	6	1	21
茨城県	8	17	8	4	37
栃木県	4	12	6	2	24
群馬県	10	13	6	2	31
埼玉県	55	81	38	35	209
千葉県	39	75	33	17	164
東京都	135	221	110	57	523
神奈川県	61	99	48	20	228
新潟県	7	17	6	2	32
富山県	4	6	4	2	16
石川県	4	3	1	3	11
福井県	3	5	0	1	9
山梨県	3	5	3	1	12
長野県	4	4	5	5	18
岐阜県	7	6	7	3	23
静岡県	19	26	12	5	62
愛知県	33	59	26	16	134
三重県	5	21	16	7	49
滋賀県	6	5	5	1	17
京都府	19	27	18	11	75
大阪府	46	76	35	23	180
兵庫県	24	39	19	6	88
奈良県	7	7	7	7	28
和歌山県	1	5	4	0	10
鳥取県	3	2	1	1	7
島根県	1	5	3	1	10
岡山県	7	8	6	6	27
広島県	18	19	11	4	52
山口県	7	7	1	2	17
徳島県	3	4	3	1	11
香川県	8	4	3	3	18
愛媛県	3	4	3	4	14
高知県	1	0	1	0	2
福岡県	14	29	8	6	57
佐賀県	4	4	3	1	12
長崎県	2	3	3	4	12
熊本県	6	5	7	3	21
大分県	1	5	2	2	10
宮崎県	2	3	4	1	10
鹿児島県	10	17	5	1	33
沖縄県	5	2	0	0	7
合計	658	1,011	514	289	2,472

受検者年齢別

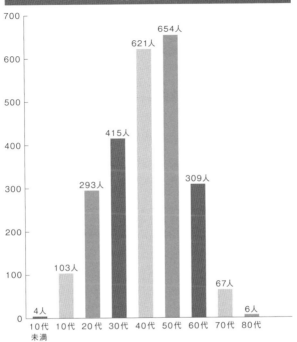

年齢	人数
10代未満	4人
10代	103人
20代	293人
30代	415人
40代	621人
50代	654人
60代	309人
70代	67人
80代	6人

受検者男女比

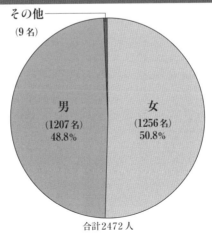

その他
（9名）

男
（1207名）
48.8%

女
（1256名）
50.8%

合計2472人

3 級

受検者数	1,011 人
合格者数	838 人
平均点	83.3点

問題番号	正答率(%)	問題番号	正答率(%)	問題番号	正答率(%)
1	94.9%	35	91.6%	69	84.5%
2	96.8%	36	81.9%	70	76.4%
3	99.5%	37	92.1%	71	64.7%
4	92.0%	38	99.0%	72	80.5%
5	92.5%	39	98.8%	73	75.8%
6	95.0%	40	96.5%	74	65.3%
7	95.3%	41	94.2%	75	71.7%
8	81.6%	42	90.8%	76	82.6%
9	93.6%	43	88.8%	77	93.4%
10	93.8%	44	89.3%	78	70.1%
11	96.6%	45	92.8%	79	71.2%
12	97.9%	46	95.8%	80	69.3%
13	92.8%	47	94.6%	81	68.3%
14	92.0%	48	87.7%	82	69.3%
15	92.4%	49	87.9%	83	74.2%
16	86.3%	50	87.8%	84	69.0%
17	97.9%	51	84.5%	85	78.5%
18	82.1%	52	88.1%	86	75.2%
19	92.2%	53	94.3%	87	84.1%
20	93.9%	54	79.1%	88	66.2%
21	98.6%	55	95.9%	89	55.9%
22	93.2%	56	92.6%	90	52.0%
23	80.4%	57	93.3%	91	46.1%
24	83.3%	58	77.6%	92	46.7%
25	95.5%	59	84.7%	93	54.0%
26	94.4%	60	73.3%	94	70.0%
27	93.2%	61	81.9%	95	50.5%
28	96.4%	62	78.4%	96	56.9%
29	89.6%	63	87.7%	97	74.0%
30	94.7%	64	91.5%	98	70.7%
31	94.7%	65	72.8%	99	50.7%
32	88.5%	66	76.0%	100	76.3%
33	88.9%	67	94.2%		
34	90.2%	68	87.7%		

受検者数	514 人
合格者数	317 人
平均点	73.0点

問題番号	正答率(%)	問題番号	正答率(%)	問題番号	正答率(%)
1	82.9%	35	75.5%	69	62.6%
2	88.1%	36	81.1%	70	65.2%
3	81.7%	37	70.2%	71	85.6%
4	69.5%	38	79.8%	72	70.6%
5	78.2%	39	85.4%	73	74.5%
6	79.4%	40	94.4%	74	75.5%
7	81.9%	41	84.8%	75	63.0%
8	77.8%	42	80.2%	76	50.4%
9	87.0%	43	83.9%	77	62.5%
10	76.7%	44	82.7%	78	62.3%
11	53.3%	45	72.8%	79	72.0%
12	89.9%	46	85.8%	80	59.9%
13	83.1%	47	78.4%	81	72.8%
14	65.6%	48	76.5%	82	69.8%
15	71.0%	49	84.4%	83	78.4%
16	72.2%	50	75.3%	84	61.5%
17	65.8%	51	88.7%	85	70.2%
18	84.4%	52	85.2%	86	58.6%
19	83.5%	53	79.6%	87	71.0%
20	94.2%	54	80.7%	88	60.5%
21	76.5%	55	91.4%	89	63.4%
22	88.9%	56	64.6%	90	56.0%
23	83.5%	57	61.3%	91	38.1%
24	58.6%	58	88.1%	92	55.6%
25	68.3%	59	93.8%	93	61.9%
26	82.1%	60	89.1%	94	71.6%
27	81.3%	61	87.2%	95	63.8%
28	65.2%	62	79.8%	96	41.1%
29	86.0%	63	55.4%	97	37.4%
30	84.4%	64	81.7%	98	60.3%
31	89.1%	65	62.8%	99	23.3%
32	80.4%	66	61.5%	100	48.8%
33	58.6%	67	82.7%		
34	87.0%	68	53.5%		

1 級

受検者数	289 人
合格者数	180 人
平均点	74.3点

問題番号	正答率(%)	問題番号	正答率(%)	問題番号	正答率(%)
1	81.7%	35	88.6%	69	76.8%
2	70.9%	36	89.3%	70	82.7%
3	73.4%	37	88.9%	71	67.1%
4	55.4%	38	77.2%	72	78.2%
5	75.8%	39	70.9%	73	79.6%
6	76.5%	40	87.2%	74	49.5%
7	89.6%	41	85.1%	75	72.7%
8	84.4%	42	86.9%	76	71.3%
9	89.6%	43	86.9%	77	83.7%
10	70.2%	44	64.4%	78	77.5%
11	83.0%	45	65.1%	79	65.7%
12	82.7%	46	83.4%	80	69.6%
13	93.4%	47	86.5%	81	67.5%
14	84.8%	48	76.8%	82	89.3%
15	79.2%	49	69.9%	83	83.7%
16	81.7%	50	68.5%	84	93.1%
17	67.1%	51	79.9%	85	88.9%
18	80.3%	52	71.6%	86	61.2%
19	64.7%	53	70.2%	87	82.0%
20	82.7%	54	57.1%	88	72.7%
21	75.4%	55	86.5%	89	75.4%
22	79.6%	56	76.1%	90	79.6%
23	87.5%	57	54.0%	91	77.9%
24	72.0%	58	62.6%	92	76.1%
25	88.9%	59	74.4%	93	52.2%
26	85.5%	60	58.5%	94	58.1%
27	75.8%	61	56.4%	95	60.2%
28	78.5%	62	73.4%	96	66.1%
29	84.1%	63	81.7%	97	67.1%
30	75.4%	64	59.5%	98	48.8%
31	68.5%	65	81.7%	99	50.2%
32	82.4%	66	56.4%	100	58.1%
33	95.5%	67	67.5%		
34	38.4%	68	51.9%		

得点別集計

3 級

得点	人数		得点	人数		得点	人数
100 点	43		74 点	11		48 点	3
99 点	49		73 点	7		47 点	2
98 点	45		72 点	7		46 点	2
97 点	42		71 点	10		45 点	2
96 点	38		70 点	14		44 点	4
95 点	45		69 点	15		43 点	1
94 点	30		68 点	7		42 点	1
93 点	43		67 点	10		41 点	2
92 点	29		66 点	14		40 点	1
91 点	34		65 点	14		39 点	2
90 点	29		64 点	11		38 点	1
89 点	38		63 点	6		37 点	1
88 点	22		62 点	4		36 点	3
87 点	34		61 点	12		34 点	1
86 点	29		60 点	5		31 点	1
85 点	25		59 点	3		29 点	1
84 点	32		58 点	3		22 点	1
83 点	21		57 点	2			
82 点	22		56 点	8			
81 点	22		55 点	5			
80 点	19		54 点	6			
79 点	16		53 点	7			
78 点	25		52 点	3			
77 点	20		51 点	3			
76 点	20		50 点	5			
75 点	17		49 点	1			

得点	人数	得点	人数	得点	人数
100 点	6	74 点	10	48 点	5
99 点	9	73 点	7	47 点	4
98 点	16	72 点	7	46 点	6
97 点	15	71 点	6	45 点	5
96 点	20	70 点	9	44 点	4
95 点	8	69 点	7	43 点	4
94 点	13	68 点	11	42 点	2
93 点	14	67 点	9	41 点	2
92 点	7	66 点	3	40 点	5
91 点	13	65 点	5	39 点	4
90 点	12	64 点	6	38 点	6
89 点	14	63 点	6	37 点	7
88 点	11	62 点	5	36 点	1
87 点	7	61 点	4	35 点	5
86 点	14	60 点	5	34 点	2
85 点	9	59 点	12	32 点	1
84 点	9	58 点	3	31 点	1
83 点	2	57 点	2	30 点	1
82 点	9	56 点	7	29 点	1
81 点	10	55 点	4	28 点	1
80 点	13	54 点	6	25 点	1
79 点	13	53 点	5	24 点	1
78 点	12	52 点	6	23 点	2
77 点	7	51 点	5	20 点	1
76 点	8	50 点	5	0 点	2
75 点	7	49 点	7		

得点	人数		得点	人数		得点	人数
100 点	6		77 点	5		54 点	5
99 点	8		76 点	11		53 点	4
98 点	7		75 点	7		52 点	2
97 点	8		74 点	3		51 点	1
96 点	6		73 点	5		50 点	1
95 点	6		72 点	4		48 点	2
94 点	5		71 点	3		47 点	3
93 点	10		70 点	9		46 点	2
92 点	4		69 点	3		45 点	3
91 点	2		68 点	5		44 点	1
90 点	5		67 点	4		43 点	1
89 点	5		66 点	10		42 点	2
88 点	8		65 点	10		40 点	3
87 点	6		64 点	4		36 点	2
86 点	8		63 点	3		35 点	1
85 点	4		62 点	6		34 点	1
84 点	6		61 点	2		32 点	1
83 点	8		60 点	5		28 点	1
82 点	4		59 点	5		27 点	1
81 点	5		58 点	3		26 点	1
80 点	4		57 点	3		21 点	1
79 点	4		56 点	4		12 点	1
78 点	4		55 点	2			

初級の受験者数、合格者数、平均点は以下です。

受検者数	658 人
合格者数	621 人
平均点	46.0点（満点は 50点）

神社検定公式テキストシリーズ

公式テキスト① 『神社のいろは』
3級・2級用

参拝作法から、神様、お祭り、歴史まで、
Q&A方式で平易に解説。神道、神社入門書の決定版。
扶桑社刊　定価：本体1619円＋税

公式テキスト② 『神話のおへそ』
3級・2級用

神話のあらすじと解説、神話のゆかりの地探訪ルポを掲載。
神話の基礎知識を完全マスター。
扶桑社刊　定価：本体2000円＋税

公式テキスト③ 『神社のいろは　続（つづき）』
2級用

神社、神道はどのように成立し、どう展開していったのか。
歴史を知れば神社はもっと楽しくなる！
扶桑社刊　定価：本体1619円＋税

公式テキスト④ 『遷宮のつぼ』
2級用

「伊勢神宮」だけでなく、出雲大社から上賀茂・下鴨神社まで。
神社にとって最も大切な「遷宮」の意義と内容を完全解説。
扶桑社刊　定価：本体2000円＋税

公式テキスト⑤ 『神社のいろは要語集　宗教編』
1級用

神道理解に必須の重要用語を網羅！
これが分かれば、あなたは立派な神道通。
扶桑社刊　定価：本体2600円＋税

公式テキスト⑥ 『日本の祭り』
3級・2級用

お祭りとは一体、何なのか？　豊富なルポとコラムで読み解く
日本の信仰の「かたち」と「こころ」。
扶桑社刊　定価：本体2000円＋税

公式テキスト⑦ 『神社のいろは要語集　祭祀編』
1級用

『神社のいろは要語集　宗教編』の続編。
併読すれば、神道理解はさらに深まる。
扶桑社刊　定価：本体2700円＋税

公式テキスト⑧ 『万葉集と神様』
3級・2級用
日本人のこころの原点『万葉集』。
万葉びとの神様への信仰と思いをやさしく解説。
扶桑社刊　定価：本体 2000 円＋税

公式テキスト⑨ 『神話のおへそ『古語拾遺』編』
3級・2級用
『古事記』『日本書紀』に並ぶ神道の重要古典『古語拾遺』を
やさしく解説。好評だった『神話のおへそ』第2弾！
扶桑社刊　定価：本体 2000 円＋税

公式テキスト⑩ 『神話のおへそ『日本書紀』編』
3級・2級用
『日本書紀』の全容と、「神話」の部分を深く理解する。
好評シリーズ『神話のおへそ』第3段！
扶桑社刊　定価：本体 2000 円＋税

公式テキスト⑪　神社のいろは特別編
『伊勢神宮と、遷宮の「かたち」』
3級・2級用
好評だった『遷宮のつぼ』の改訂版！
扶桑社刊　定価：本体 2000 円＋税

副読本 『マンガならわかる！『日本書紀』』
初級用
扶桑社刊　定価：本体 2000 円＋税

副読本 『マンガ版　神社のいろは』
初級用
扶桑社刊　定価：本体 2000 円＋税

季刊誌 『皇室』シリーズ
皇室の方々のご動静と皇室ゆかりの日本文化を紹介する雑誌。
1月4月7月10月の各25日に発売
扶桑社刊　定価：本体 1600 円＋税

『神社検定　問題と解説』シリーズ
扶桑社刊　第9回　定価：本体 1250 円＋税
（品薄のため、バックナンバーは電子書籍をご利用ください）

全国書店・公式ホームページで販売

監修　　　神社本庁
執筆　　　伊豆野　誠（扶桑社「皇室」編集部編集長）
編集　　　扶桑社「皇室」編集部
校閲　　　聚珍社

デザイン　坂本浪男

第10回　神社検定
問題と解説
参級　弐級　壱級

3級「神社の基礎と古語拾遺」編　全100問
2級「神社の歴史と神話」編　全100問
1級　指定テキストから総合的に出題　全100問

令和5年（2023）1月31日　初版第1刷発行

企　画　　公益財団法人 日本文化興隆財団
発行者　　小池英彦
発行所　　株式会社扶桑社
　　　　　〒105-8070　東京都港区芝浦1-1-1
　　　　　　　　　　　浜松町ビルディング
　　　　　電話　03-6368-8879（編集）
　　　　　　　　03-6368-8891（郵便室）
　　　　　ホームページ　http://www.fusosha.co.jp/

印刷・製本　大日本印刷株式会社

定価は表紙に表示してあります。
造本には十分注意しておりますが、
落丁・乱丁（本のページの抜け落ちや順序の間違い）の場合は
小社郵便室宛てにお送りください。送料は小社負担でお取り替えいたします
（古書店で購入したものについては、お取り替えできません）。
なお、本書のコピー、スキャン、デジタル化等の無断複製は
著作権法上の例外を除き禁じられています。
本書を代行業者等の第三者に依頼してスキャンやデジタル化することは、
たとえ個人や家庭内の利用でも著作権法違反です。
C2023 KOUEKIZAIDANHOUJIN
NIHONBUNKAKOURYUZAIDAN
Printed in Japn
ISBN978-4-594-09400-3